# 旅游市场监管与法律风险防范

MARKET REGULATION AND LEGAL RISK PREVENTION OF TOURISM

邹爱勇 著

中国旅游出版社

**责任编辑：** 谯　洁
**责任印制：** 冯冬青
**封面设计：** 中文天地

**图书在版编目（CIP）数据**

旅游市场监管与法律风险防范 / 邹爱勇著 . -- 北京 : 中国旅游出版社 , 2018.5

ISBN 978-7-5032-6029-2

Ⅰ . ①旅… Ⅱ . ①邹… Ⅲ . ①旅游市场－市场监管－研究－中国②旅游业－法规－研究－中国 Ⅳ . ① F592.1 ② D922.296.4

中国版本图书馆 CIP 数据核字（2018）第 106472 号

---

**书　　名：** 旅游市场监管与法律风险防范

---

**作　　者：** 邹爱勇著
**出版发行：** 中国旅游出版社
（北京建国门内大街甲9号　邮编：100005）
http://www.cttp.net.cn　E-mail:cttp@cnta.gov.cn
营销中心电话：010-85166503
**排　　版：** 北京旅教文化传播有限公司
**经　　销：** 全国各地新华书店
**印　　刷：** 北京工商事务印刷有限公司
**版　　次：** 2018年5月第1版　2018年5月第1次印刷
**开　　本：** 787毫米 × 1092毫米　1/16
**印　　张：** 9.25
**字　　数：** 153千字
**定　　价：** 38.00元
**ISBN**　978-7-5032-6029-2

---

# 前 言

坚持问题导向是加强市场监管比较好找的答案，解决问题的前提在于准确找到问题，更有赖于监管体系的完备、诚信体系的有序、法治规则的建立、执法措施的坚决等诸多因素。和风细雨、道德劝诫式的监管在利益与恶性竞争面前往往只是纸上谈兵，以暴风骤雨式的督查解决短期问题是可能的，而依法行政却是不可少的必要程序。实践证明，在常态化、严格的监管下，旅游市场中的强迫消费等恶性事件少了，市场监管取得很大成效，市场良性竞争也逐步回归，“老路子行不通了、老经营模式要转型了、及早谋划合规经营”。依法监管凝聚了强大监管合力和社会共识。世界是公平的，市场也一样。这些被强化了的市场督查容易被外部质疑是就事论事。从更长远的角度来说，今天的市场治理很可能会引发更隐蔽、更强烈的监管规避。

市场监管不能也不会只在问题出现后才采取行动，坚持问题导向要体现责任担当，敢于直面问题，最终解决问题。现行旅游市场很大程度上是以旅行社为中心的要素和资源配置的产业，决定了制度也是围绕旅行社这个生产关系的组织者和发起者进行设计。在这个制度下只有旅行社才能将不同的单个旅游要素通过产品打包方式向旅游者销售，以行政区划为核心的部门分割管理也“应运而生、恰逢其时”。伴随要素市场高度发达、产品自由流动配置、在线旅游巨大冲击，以旅行社为中心的管理制度越发不适应形势，“小马拉大车”的问题越发凸显，“老问题久治不愈”“在线旅游监管空白”“产业发展法治保障不全”是旅游市场面临的内外部环境。关键是要根据旅游市场培育、诚信体系的发展水平和旅游消费变迁的动态进行旅游供给侧改革，有效提升捕捉问题并按照市场配置监管资源，矫正要素配置外部失灵，扩大有效供给，使监管能力建设与市场创新相适应。要更加重视制定并遵守法律规则，更加重视在治理中尊重和保护公民、企业的合法权益，更加重视程序公正，通过法治规则的梳理，打造专业化的综合执法监管队伍，提高市场监管的前瞻性和预判性，抓住深层次矛盾和重点难点问题持续发力、精准发力。

“改革是由问题倒逼而产生，又在不断解决问题中而深化。”“不合理低价游”等“临时性、突发性”问题治理数十载，其实反映出旅游行业长期性结构性出了问题。分析和认识这些问题，要从市场与政府关系、产业融合发展和需求转型这两个深刻的大背景出发。核心是要坚持用改革的思维、法治规则和执法实操解决长期性结构性问题，在微观上要正视执法中遇到的难题，确定疑难问题的法律适用和取证要点，在宏观上要处理好监管和市场的关系，实施全域旅游综合治理、强化市场督查抓落实，正视大众旅游时代消费主导型经济已经来临，正视包价旅游主打天下的模式受到“去中间化”强烈冲击并弱化，正视在线旅游“去公司化”与传统商事制度存在的诸多差异，真正使旅游市场成为幸福产业，经得起市场变化的考验。

基于此，本书围绕旅游市场的法治规则、监管方向、执法投诉和合规经营几个要素，内容分为两大块：一部分是市场监管方向和理论性的问题；一部分是执法取证和法律适用的实务性问题。理论是行动的先导，没有理论的指导、法治的保障，就没有实践的突破。理论部分力争囊括市场监管的整体评估预判，分析当前市场监管出现的新情况、老问题，研究市场监管工作的对策方法，思考在线旅游的创新和监管空白的前沿问题；实务部分既有对“不合理低价游”“挂靠承包”“扣除必要费用”“不可抗力”、网络交易平台责任认定等重点难点问题的关注，也有关于司法案例、实施处罚的难点症结和经验汇总的剖析，力争说清治理规则背后的道理。希望本书对提升旅游监管认识、把握违法行为查处规则、旅游从业者合规经营能带来参考意义。本书参阅了大量的著作论文、司法案例和工作材料，未一一注明，在此一并表示感谢。文章大多是近年在各地市场督查中，与一线执法和法制部门交流探讨形成的成果汇编，在编辑成书的过程中删除了原文章部分重复的内容，也尽可能对篇章结构、资料数据进行修订，但由于个人理解能力、文章时空条件不同，一些内容和结论并不成熟，其中的论述也只是个人观点，谬误之处在所难免，怀着交流探讨的心态，敬请读者指正！

笔者

2018 年 3 月于北京

# 目　录/CONTENTS

# 第一编

## 市场监管新方向与应对措施

**[导语]** 中共中央印发《深化党和国家机构改革方案》指出，深化行政执法体制改革，统筹配置行政处罚职能和执法资源，相对集中行政处罚权，是深化机构改革的重要任务。监管的本质是平衡市场与政府的关系，放松经济性监管强化社会性监管、打破行业分割监管向产业功能性监管转变已成为国家治理体系建设、行政体制改革、发展市场经济的重要路径。“放管服”改革的核心也在于转变政府职能，简政放权，激发市场活力，从审批经济转变为营造更好的创业创新市场环境。新时期的旅游市场有两个显著特点：一是前瞻性地提出了综合治理全域旅游理念，充分发挥市场配置资源的决定性功能，破除制约旅游发展的资源要素分属多头的管理瓶颈和体制障碍，创新旅游综合执法模式，消除现有执法手段分割、多头管理又多头都不管的体制弊端，这个思路高度契合中央提出的“使市场在资源配置中起决定性作用和更好发挥政府作用”，以及“统一市场监管”重要决策，丰富了旅游市场监管的理论宽度和认识深度。二是全方位开展旅游市场督查，首次以国办文件的形式出台加强旅游市场综合监管的制度规定，梳理责任清单，把加强和改进实地督查工作摆到重要位置，“真枪实弹”上阵抓落实，坚持“全国一盘棋”“五个同步”治理，盯住群众反映强烈、社会影响恶劣的突出问题，在督查中统一适用法律的认识和提高违法案件查处的实效。

# 深化改革对旅游业发展的影响

[摘要]“十三五”时期，大众化旅游、全域旅游具有鲜明的时代特征，消费结构升级带来的最直接影响就是“一个弱化、两个增加”：旅行社“中间商”的角色行业分割属性正在弱化，旅游者与“食、住、行、游、购、娱”等要素直接对话的需求在增加、旅游产业融合单项特色服务的需求在增加。中央经济工作会议指出，推动高质量发展是当前和今后一个时期确定发展思路、制定经济政策、实施宏观调控的根本要求。机遇与挑战并行，旅游行业未来需要进一步强化“组织者”的角色，谋划特色服务产品，拓展和延伸服务链条，以品牌赢得市场仍然是不二法则。“十三五”规划明确提出，要大力发展旅游业。虽然涉及的内容不多，但指明了“十三五”期间我国旅游业发展的方向，简明却极其重要地阐明了旅游市场监管问题的本质是如何处理好旅游行业向旅游产业转变下的政府与市场的关系。

中央一直高度重视深化机构和行政体制改革，提出要转变政府职能，深化简政放权，创新监管方式，增强政府公信力和执行力，建设人民满意的服务型政府。中共中央印发《深化党和国家机构改革方案》指出，一个部门设有多支执法队伍的，原则上整合为一支队伍。推动整合同一领域或相近领域执法队伍，实行综合设置。深化机构和行政体制改革是全面深化改革的重要内容，发展仍是第一要务，坚持发展市场化和监管法治化，加强事中事后监管是方向，将全面影响未来旅游业市场走势和市场监管方式。

新时代我国社会主要矛盾已经转化为人民日益增长的美好生活需要和不平衡不充分的发展之间的矛盾。根源性问题反映到旅游领域，同样也呈现出人民日益增长的旅游美好生活需要和不平衡不充分的旅游发展之间的矛盾越来越凸显的问题。当前，伴随大众旅游时代的到来，旅游产业发展和市场经营环境发生了深刻变化，旅游投资和旅游消费不断突破新高，“互联网+”迅速崛起，散客化趋势越发明显，旅游产品同质化且质量不高屡受诟病，这些在促进产业加大改革发展力度的同时，也带来了传统旅行社生存空间不断受到挤压，部分旅游企业面临团队旅游接待量、企业营收和利润纷纷下滑等诸多问题，但通过中央实施扩大服务消费为重点带动消费结构升级、实施“互联网 +”、支持科技型中小企业发展和加快发展现代服务业等战略来看，旅游业发展和市场经营依然面临很大的发展机遇，机遇仍大于挑战。

## 一、对旅游业的影响

第一，坚持市场在旅游资源配置中起决定性作用，强化市场主体地位和主导作用的导向不会变。市场经济就是法治经济，要充分发挥旅游市场和市场主体的作用。“十三五”规划是对《中共中央关于全面深化改革若干重大问题的决定》提出的“紧紧围绕使市场在资源配置中起决定性作用深化经济体制改革”的重申，体现了市场经济的本质是市场在资源配置中起决定性作用的特性。全域旅游理念提出以来，消费升级带动供给侧改革正在发生一场深刻的变革，据联合国世界旅游组织测算，我国旅游产业对国民经济综合贡献和社会就业综合贡献均超过 10%，数据高于世界平均水平。市场在全旅游链条的资源配置中处于主体地位，对于食、住、行、游、购、娱等各环节的产品（线路）价格和服务质量拥有决定权和评价权。其以价值为导向引导旅游基础设施、融资投入流向，以竞争为手段打造旅游目的地和旅游线路，以价格为杠杆调节旅游供需关系和消费走向，直接决定旅游市场走向、价格形成、供需状况、竞争机制，旅游业改革发展必须遵循这条规律。坚持并树立旅游企业的市场主体地位，重点是要尊重旅游企业在产品创新、线路创新和产品供应链中的主导作用，支持引导各类经济实体参与旅游开发、基础设施建设和大型旅游项目，推进各地住宿、景区、餐饮、交通、购物、娱乐等要素的均衡发展，清理政府干预微观经济活动过多的规定和做法。

第二，旅游消费结构升级，促进旅游业向优质高效发展。据统计，2017 年，我国人均出游已达 3.7 次，迈向中高收入时代的消费呈现出物质需求下降、精神消费上升的趋势，出门、出国旅游变得越来越普遍且频繁。“十三五”时期，以扩大服务消费为重点带动消费结构升级将极大促进旅游业优质高效发展。发展将更加依靠服务业主导推进，更加注重扩大居民消费，更加注重发挥消费对增长的基础作用，更加注重释放消费潜能和活力，伴随旅游消费的升级和扩大，旅游将成为普遍性消费，也将促使资本与技术向旅游领域转移，旅游业将步入消费升级的黄金时代。未来将出现几个预期：一是消费升级最明显的就是“去中间化”。旅游需求和消费升级带来的最直接表现就是出行方式更加多元，跳过旅行社“中间商”这一个环节成为可能，团队散客化、散客个性化将成为发展趋势。数据显示，截至 2017 年 12 月，我国游客自助游超过 85%，自驾游超过 60%，手机网民规模达 7.53 亿，网民中使用手机上网人群的占比由 2016 年的 95.1% 提升至 97.5%，追求不受预先场所购物、预先行程安排的消费将成为趋势，这对包价旅游的生存不仅是挑战，更是转型的机遇。旅游企业要适应这种变化，主动与其他产业深度融合发展，进一步提升旅游产品供给质量，探索开发旅游新业态新产品，推动旅游产品结构不断优化。二是“飘在互联网、浮在行业上”的“互联网 +”，以及线上线下以低价招徕游客，获取“流量”，仍然通过购物等环节弥补差价，大打“价格战”的经营方式将受到市场的抵制，不及时转型融合的线上旅游企业会面临生存困局，未来的方向只能是向更加注重游客体验、注重旅游服务本质回归。三是市场细分、品质优先的买方市场需求将更受重视。私家用车的快速普及、高速交通基础设施的改善，以及移动支付、通信互联网等智能便捷化生活方式，导致自由行需求发生急剧的转向，散客化时代的旅游带来的由“以旅行社为中心的旅游需求”向“全要素旅游需求”转变，很显著的一个变化就是“有什么样的产品才有什么样的消费”不再是一成不变的模式。投诉数据也显示，目前自由游投诉占比已经由 48.19% 增长到 60.37%，主要集中在旅游住宿和旅游景区方面。未来，按照客源地市场和游客需求打造目的地旅游产品、旅游线路乃至旅游基础设施的趋势会更明显。

第三，产业融合发展前所未有、产权保护力度加强。国务院印发的《“十三五”旅游业发展规划》提出，促进旅游与文化融合发展、促进旅游与健康医疗融合发展、促进旅游与教育融合发展、促进旅游与体育融合发展、促进旅游与商务会展融合发展等多项任务。尤其是国务院办公厅《关于进一步扩大旅游文化体育健康养老教育培训等领域消费的意见》（国办发〔2016〕85 号），更是把旅游产业放在首位，充分展示和体现了旅游业具有较强的综合产业特性，旅游产业融合的速度和质量都会在更大层面更大领域有更好的发展。《中共中央关于全面深化改革若干重大问题的决定》提出，产权是所有制的核心和主要内容，这其中产权保护是最重要的。企业家是市场活动的主体，保护产权是坚持中国特色社会主义基本经济制度的必然要求。2016 年 11 月 4 日，中共中央、国务院印发《关于完善产权保护制度依法保护产权的意见》，对完善产权保护制度、推进产权保护法治化进行部署。2017 年 9 月 8 日，中共中央、国务院印发《关于营造企业家健康成长环境弘扬优秀企业家精神更好发挥企业家作用的意见》，对营造企业家健康成长环境、弘扬优秀企业家精神、更好发挥企业家作用等方面工作进行部署。目前，旅游产权保护面临同质化低水平竞争、项目商品雷同缺乏创新等问题，如旅游线路呈现出分辨度不高、随意模仿抄袭的现象，旅游开发项目呈现出千人一面、假冒低质商品或服务项目充斥市场的现象，一方面使得旅客在大量雷同的旅游商品和服务面前“食之无味”，另一方面也导致旅游市场长期处于“不合理低价游”、虚假宣传等恶性竞争之中。企业盈利能力不高、生存困难事实上往往反映的是产权制度上出了问题。全面建成小康社会进入决胜阶段，经济已由高速增长阶段转向高质量发展阶段，2017 年全国旅游直接就业 2825 万人，旅游直接和间接就业 8000 万人，旅游投资达 1.5 万亿元，民间资本投资占 60%。产权保护就是要求监管确保不同产权平等使用生产要素、公开公平公正参与市场竞争，以及同等受到执法监督和法律保护。比如，放宽设立社设立服务网点的数量限制，实行宾馆饭店与一般工业企业同等的用水、用电、用气价格，允许旅行社参与政府采购和服务外包等降低旅游企业成本，增强盈利能力，以及颁发“中国旅游产业杰出贡献奖”（飞马奖）的政策，“十三五”时期会在更多区域、更大范围落地。同样，有关保护旅游投资合法权益，激发和保护企业家精神，鼓励更多市场主体投身创新旅游产业创业，鼓励旅游企业掌握创新收益，减轻旅游企业负担，优化企业发展环境，以及规范行政管理行为、防范违法行政行为，推进市场主体成熟等方面的政策会逐步落地。

第四，“旅游 + 互联网”主要应体现在对旅游服务实体经济以及智能技术创新的反哺。“旅游 + 互联网”通过搭建平台，开放共享资源，消除中间环节，优化供应链，获取大量的用户流量和现金流，创造了极大的社会价值和经济价值。但“旅游 + 互联网”不应仅看作是价格战抢占市场、获取投资、门票售卖的平台，应该放到影响旅游产业组织、商业模式乃至装备技术创新的高度来看待。“十三五”时期，一是以市场、游客需求为导向的旅游新产品、新服务创新，将加快线上和线下的融合创新，强化游客的旅游体验、服务保障和售后评价。此外，在线旅游企业推出的"途牛宝""出境保""小驴分期""拿去花""信用住""信用签证"，以及打造在线旅游第三方支付平台、"刷脸住""刷脸入园"、人工智能等创新尝试，将推动旅游产业链的多元化、融合化发展。这些将为市场监管部门运用大数据库监管旅游饭店、景区、旅行社、导游等市场主体提供经验，为解决游客非法滞留境外提供了大数据信用预判的可能，为打破地域分割和行业垄断、放宽旅游市场准入、减少直接行政处罚措施的"出口"，找到加强事中事后监管的"进口"。这些都是旅游企业、实体经济发展的机遇。二是基于谷歌、Facebook、亚马逊的 Alexa 等互联网公司首先是技术驱动型公司，以及"旅游+"是服务经济、实体经济、体验经济的本质，"旅游+互联网"不应是"颠覆性技术创新"的旁观者，行业要获得进一步发展，不能仅局限为分享平台、搜索平台或者售卖平台，而应是旅游服务缔造者、新技术装备革新者和技术创新公司。可以预见，若能把握最大的国内和出境旅游市场优势，通过大量用户使用数据与技术装备化、信息技术的深度融合，基于消费者数据分析打造智能营销，提高营销的精准度，同时对改造提升线上线下支付系统、语音交互设备、旅游房车、邮轮游艇、景区索道、游乐设施和数字导览等设备设施制造水平提供路径，直接推动银联、金融、航空、海路、陆路交通、酒店、餐饮、互联网等行业的发展。

## 二、加强市场监管的方向

在建立健全社会主义市场经济体制的进程中，我们既面临市场体系不完善的问题，也面临政府干预过多和监管不到位的问题。也就是说，市场和政府都是可能失灵的，不应一提起市场失灵就"义愤填膺"，一提政府失灵就"置若罔闻"。中共中央印发《深化党和国家机构改革方案》指出，根据不同层级政府的事权和职能，按照减少层次、整合队伍、提高效率的原则，大幅减少执法队伍种类，合理配置执法力量。基本要义就是按照生产力发展阶段和程度理顺政府与市场的关系，如简政放权、减少行政审批事项等。虽然十八届三中全会决定提出要加强市场监管，加强事中事后监管，但减少法律惩罚性条款、行业分割、行政审批及其带来的处罚事项减少是不争的事实，体现了政府对经济性事务逐步放松监管、行业分割管理向产业功能性转变的趋势。据统计，国家旅游局本级仅有 2 项行政许可事项。当然，在新老市场失灵的区域、监管叠加的地带以及交通运输、安全生产、环境保护、文化市场等社会性和公共性事务方面，如线上线下商品和旅游服务混同监管、跨区域跨境旅游者权益保护取证难，以及借旅游金融产品、旅游券之名行欺客宰客之实，都是市场监管部门要加以研究并跟进的领域。笔者认为，“十三五”时期市场监管改革的主攻方向主要集中在四方面：

第一，重新认识“市场监管”和“加强市场监管”的内涵。党中央提出深化机构和行政体制改革。要转变政府职能，深化简政放权，创新监管方式，增强政府公信力和执行力，建设人民满意的服务型政府。既是要解决体制不顺问题，也是要解决认识偏差问题。首先，市场监管的问题核心是政府与市场的关系，监管是深化经济体制改革的重要组成部分，不是可有可无的。可以说，完善和发展中国特色社会主义制度、推进国家治理体系和治理能力现代化，解决市场失灵和消费者权益保障问题，都有待加快完善市场监管等方面体制机制。其次，市场是决定性要素，监管不是“监督＋管理”的简称，不是简单的行政命令，而是对竞争无序、市场失灵的补充。凡是市场能解决的就交给市场，监管的作用就是为市场在资源配置中发挥决定性作用提供更好的服务和保障，对市场失灵的领域予以纠正，这也决定了伴随信息技术发展、交易复杂化和产业领域扩展，我们对“市场监管”的认识会不断变化。最后，中央提出“加强市场监管”不是为新设审批事项、强化事前监管寻找政策依据，目的是在打造统一开放、竞争有序的市场体系。在市场规则上，强调建立统一的市场准入制度，对保留的许可审批事项要实施“权力清单”和“负面清单”管理模式，对取消和下放的审批事项要加强后续跟踪监管和评估，引导和规范市场主体行为。在执法体制改革上，要按照中央部署“整合组建文化市场综合执法队伍。将旅游市场执法职责和队伍整合划入文化市场综合执法队伍，统一行使文化、文物、出版、广播电视、电影、旅游市场行政执法职责”，加快推进旅游质监执法职能定位和部门机构整合，实施专门从事旅游综合执法的队伍和机制，实行相对集中执法权，解决有开发无监管、条块分割、监管缺位的问题。在监管体系上，要实行统一的市场监管，清理和废除妨碍全国统一市场和公平竞争的各种规定和做法，如城乡统一建设用地市场、统一环保监管、全国企业信用“一张网”、统一旅游投诉受理机构，以及发挥全域旅游对市场监管的导向作用。

第二，改革监管方式，打造面向游客、适应旅游市场发展需求的监管框架。最大限度地减少政府运用行政手段对微观经济活动的直接干预，是解决政府管得过多、审批事项过多、管理手段滞后、监管效率不高，释放市场潜能和市场活力的重要举措。深化行政体制改革就是要推进简政放权，加强和创新监管，强化社会领域的服务职责。就旅游而言，要打造面向游客的监管体制，一方面是要顺应旅游消费结构升级和消费模式替换的新趋势，把改善旅游消费环境、维护旅游者权益作为释放消费潜力、促进产业发展、提升游客满意度的突破口，大力改革创新旅游投资消费和投诉监管体制，突破制约旅游需求潜力释放的瓶颈。另一方面是要顺应加强社会性和公共性事务监管的趋势，突出抓好市场秩序和旅游者权益保护的事中事后监管，重点解决人民群众对旅游资源开发、配套建设、经营服务、市场秩序、监督检查、公共服务整体满意度不高的问题。旅游市场发展，要求市场监管模式按照旅游业发展阶段和程度加以构建，既规范市场秩序，又确保市场活力。构建完全市场化的市场监管模式，需要作用于成熟的、市场化的旅游产业才能产生成效，完全否定或者不顾市场发展阶段的市场监管改革是不可行的。

第三，基于法治规则，推进权力法定、决策依照程序、决策与执行相对分离的监管体系。监管需要法治先行，即市场监管的法治化。“十三五”期间，要加强法治政府建设，依法设定权力、行使权力、制约权力、监督权力，依法调控和治理经济，推行综合执法，实现政府活动全面纳入法治轨道。首先，市场监管要突出依法规则的治理，制定统一的市场准入规则和行业行为规范，对“不合理低价游”、在线旅游管理、旅游景区纠纷、跨境跨区域市场监管等问题，有必要加强立法统筹，加强对旅游行为主体和市场运行的规范。其次，实体法改革要与程序法修订齐头并进。要避免只出台取消许可审批、设定互联网监管规则等实体规则，而没有一并修订后续监管模式和执法程序，造成依现行执法模式、程序无法查证取证的难题，造成处理游客投诉纠纷时束手无策。要加快统一行政执法资格、行政处罚程序和文书，进一步规范行政行为，更加重视行政处罚应有法定程序规定，明确旅游行政处罚案件调查、案件审理和自由裁量的具体标准，统一执法尺度。最后，要突出专业化监管的治理，实施决策与执行相对分离。在建立专业监管机构上，重点是建立专职政策执行而不负责政策制定的综合执法机构，或者是在机构内部实行调查和审理相分离机制，确保旅游行政处罚调查取证与案件审理相分离。在建立专业监管队伍上，监管水平的高低取决于市场监管队伍的知识含量，以及主动适应旅游产品和服务创新形势，准确捕捉复杂交易活动重点信息的能力，建立具备旅游、中文、经济、法律、会计、财务和互联网等复合型知识背景的综合监管执法队伍，才能避免出现监管部门和被监管者信息不对称的问题，增强政府公信力和执行力，建设人民满意的服务型监管队伍。

第四，加强旅游市场综合治理，强调多维度协同监管。加强旅游市场综合治理一直是旅游部门推进的方向。旅游业是综合性产业，市场监管涉及的行业、领域非常多。与一般市场监管不同，旅游执法既要监管客源地市场，也要监管目的地市场。旅游的人身依附性十分明显，既有异地预先销售与本地现场消费、多环节配合的服务消费特性，也是一种跨行业、跨地区、跨国界的广泛的人际交往活动，具有明显的外向性或涉外性，旅游市场监管具有专业特殊性和执法配合度高的双重特点。据统计，全国已有25个省（区、市）成立了旅游发展委员会。全国共成立旅游警察队伍312支、旅游巡回法庭496家、工商旅游分局239家。在社会监督参与上，鼓励社会公众评价和监督旅游市场秩序。在纠纷处理创新上，《旅游法》规定了双方协商、调解、仲裁和诉讼等多种纠纷处理方式，实践中重点在全国推广设立旅游投诉调解委员会及首席调解员，在市场监管部门、行业协会、消费者协会、司法机构等横向主体，以及各地、各级旅游质监执法纵向主体之间建立法治化、制度化的信息沟通和执法联动协作。在事中事后监管上，从以往旅游部门“单打独斗”转变到实行综合监管，制定综合监管责任清单，重点加强监管信息共享，推进政府部门、行业协会、社会组织信用信息共享共用，加强旅游监管协调机制，促进部门协作，避免监管重叠和监管真空。在监管理念上，强调从被动应付向主动出击、综合治理转变，适时回应社会关切，提高执法反应能力，形成与旅游市场发展形势相适应的市场监管模式。

# 畅通旅游投诉的探索和思考

[摘要]《旅游法》规定“县级以上人民政府应当指定或者设立统一的旅游投诉受理机构”，这是建立统一旅游投诉受理机制的最基本法律依据，与《中共中央关于全面深化改革若干重大问题的决定》中提出的“改革市场监管体系，实行统一的市场监管”，以及《中共中央关于全面推进依法治国若干重大问题的决定》中提出的“健全依法维权和化解纠纷机制”的顶层设计遥相呼应，一脉相承。在我国畅通旅游投诉受理机制是顺应旅游业发展、适应市场监管体制改革、维护公平竞争有序市场环境、维护人民群众合法权益的客观需要，我们应尽快解决畅通旅游投诉受理机制面临的障碍，加快统一投诉受理机构的实体化建设，建立全国统一投诉举报平台，全面建立统一旅游投诉受理机制，增强旅游投诉受理的法治含金量。

## 一、畅通旅游投诉受理机制的基本认识

第一，统一旅游投诉受理是全面落实依法治旅的制度创新。《旅游法》规定县级以上人民政府应当指定或者建立统一的旅游投诉受理机构，这是《旅游法》规定的唯一个实体机构，是实施政策制定职能与监督处罚职能相对分开的制度创新。从体制机制层面来说，统一旅游投诉受理符合旅游活动具有综合性、跨部门、长链条的特点，顺应了加快旅游市场监管体系改革的法治要求，是依靠法治思维补强政府维护旅游市场秩序、维护广大旅游者权益的制度创新。贯彻实施《旅游法》是旅游系统全面推进依法治国方略的主线路，必须一以贯之，逐条落实，坚定不移机制建设、机构建设、队伍建设。

第二，统一旅游投诉受理是全面深化旅游业改革的重要保障。旅游业全面深化改革既有赖于解放束缚旅游产业生产力发展的生产关系，完善促进旅

游产业发展、惠民强旅政策的落地开花，也需要通过完善市场监管体系，给深化旅游业改革创造一个清新干净的市场环境。旅游投诉受理是市场监管体系的重要组成部分，建立统一的旅游投诉受理机制是实行统一的市场监管的应有之义，统一投诉旅游受理机制正是应运深化旅游业改革而生的产物，与中央深化改革精神一脉相承。它的建立将为打破地方保护主义和部门分割，维护广大旅游者的合法权益，发挥市场在资源配置中的决定性作用，更好发挥政府作用以及深化旅游业改革奠定坚实的基础。

第三，统一旅游投诉受理是促进旅游市场公平竞争维护市场正常秩序的重要举措。要进一步形成统一开放、竞争有序、诚信守法、监管有力的全国统一的市场体系，促进市场公平竞争，维护市场正常秩序，需要实行统一的市场监管。《国务院关于促进市场公平竞争维护市场正常秩序的若干意见》（国发〔2014〕20号）明确提出的"整合优化各职能部门的投诉举报平台功能，逐步建设统一便民高效的消费投诉、经济违法行为举报和行政效能投诉平台，实现统一接听、按责转办、限时办结，统一督办，统一考核"为统一旅游投诉受理指明了方向。抓好统一投诉受理机制建设是促进旅游市场公平竞争维护市场正常秩序的重要举措。

总之，整合行政资源，创新监管机制，实行旅游投诉统一受理，是贯彻党中央、国务院关于深化市场监管体制改革的重要举措，也是旅游市场监管自身不断深化改革的制度创新。

## 二、畅通旅游投诉受理机制的可行性

统一旅游投诉受理机制建立的关键在于改革于法有据，重点是厘清职能、机构、队伍、经费。当前建立统一旅游投诉受理机制有专职从事旅游投诉的执法队伍，有统一的投诉受理机构且不突破党中央国务院关于政府不新增机构和人员编制的要求，正所谓恰逢其时。

第一，有顶层设计。党中央、国务院有关"改革市场监管体系，实行统一的市场监管""健全依法维权和化解纠纷机制""整合优化各职能部门的投诉举报平台功能，逐步建设统一便民高效的消费投诉、经济违法行为举报和行政效能投诉平台"等一系列加强市场监管的顶层设计，尤其是中共中央印发《深化党和国家机构改革方案》指出，文化和旅游部指导整合组建文化市场综合执法队伍，将旅游市场执法职责和队伍整合划入文化市场综合执法队伍，统一行使文化、文物、出版、广播电视、电影、旅游市场行政执法职责，是对制约我国市场监管体制改革的关键性、全局性问题进行的顶层设计，提出了解决破解市场竞争难题和建立公平开放透明的市场规则的总体思路和框架，以此作为改革旅游市场监管体制的政策依据，为全国统一旅游投诉受理机制的建立确定了工作方向，吹响了冲锋号。

第二，有法律依据。全面推进依法治国要求政府“法无授权不可为、法定职责必须为”，做到重大改革于法有据。《旅游法》第 91 条规定“县级以上人民政府应当指定或者设立统一的旅游投诉受理机构”。这是建立统一投诉受理机制的法律授权。换言之，建立健全旅游投诉受理机制是《旅游法》赋予各级人民政府的法定职责，是加强旅游市场监管的法定事项，对法定授权、法定事项、法定职责我们没有选择的权利，必须加以执行。

第三，有先行经验。广西壮族自治区政府办公厅、甘肃省旅游产业发展领导小组、四川省旅游产业发展领导小组办公室等先后发文要求建立旅游投诉统一受理机制，他们的具体举措是先行落实党中央、国务院和《旅游法》的试点，并且在积极探索统一的旅游投诉受理机制上积累了不少经验，为全面推开建设全国旅游投诉受理统一机制提供了有益借鉴。虽然各地旅游投诉统一受理机制发文部门、责任主体、具体内容不尽统一，但建立以满足市场监管需要、群众诉求为主体内容的统一投诉显得紧迫且必要。

第四，有管理框架。目前全国专职负责旅游投诉处理、旅游执法检查、旅游消费引导等职能的旅游质监执法队伍有 1000 多支，旅游质监执法人员编制上万人、在岗 7000 余人，这支队伍是受理旅游投诉、有效维护市场秩序，保障旅游者合法权益的中坚力量，以上人员工资、办公经费来源绝大多数为财政拨款。已初步建立了以四级旅游质监执法体系为主体、旅游质监与投诉管理系统为依托、旅游质监机构处理投诉工作统计制度为载体的全国旅游质监机构投诉管理框架，为建立全国统一旅游投诉受理机制奠定了较为扎实的管理框架。

## 三、畅通旅游投诉受理面临的主要问题及原因

现行旅游投诉受理的综合协调能力不适应市场监管需要、旅游投诉受理

体制机制还不完善、统一旅游投诉机构建设不到位的问题仍然比较突出。

第一，投诉跨部门、受理机构统一难。现行的旅游投诉实行不同类型的投诉要到不同的主管部门进行，如投诉旅行社和导游由旅游主管部门处理，投诉旅游价格由价格主管部门处理，投诉虚假旅游广告由工商行政管理部门处理，投诉风景名胜区由建设主管部门、投诉地质公园旅游景区由国土主管部门处理、投诉森林公园旅游景区由林业主管部门处理、投诉A级景区由旅游景区协会处理，且各部门目前受理投诉举报的业务范围旅游只占其中的一部分，旅游者遇到关于旅游投诉方面的问题，往往因为不清楚主管部门的职责而不知该向哪个部门投诉，因此只能一并投诉到旅游主管部门。再加上旅游是综合性活动，投诉涉及范围长、事项繁杂，各部门在处理投诉工作上职能交叉、职责不清、多头执法等问题，多头分散受理投诉的现状更加制约了投诉处理效率，影响了广大群众解决诉求的信心。

第二，理解改革有误差影响改革进度。总体来说，目前各地建立统一投诉受理机制不甚理想，面临着一些困难：一是部分地方没有启动此项工作，仍然按照既往的旅游投诉体制接受游客投诉。二是已发文建立统一投诉受理机制的地方重在“机制”而不在建立“机构”、厘清职责分工。其中缘由既包括机构建设涉及机构设置、职责配置、经费来源、人员编制等事项，协调部门多难度大，也包括遵守政府要求不新建机构和增加编制的刚性要求，因为，《旅游法》规定的统一投诉受理机构而非“机制”，且机制的关键是机构，以落实“机制”替代“机构”建立偏离了《旅游法》的本意。此外，《旅游法》确定的机构可以是“指定”也可以是“建立”，各地可指定旅游局或其下属的旅游质监所为统一投诉受理机构，或者调整归并部门职责，整合行政资源，厘清投诉受理机构职责、责任分工、运作规则，建立顺畅、统一的旅游投诉受理机制。

第三，事权分散造成推诿、监管空白。“大旅游的认识装在小职能的旅游部门”造成投诉体制不顺在所难免。我国旅游投诉受理实行分行业、分段投诉受理模式，难以形成全程投诉受理合力，难以发挥法律法规应有效力，且分段监管可能产生的监管空白和衔接不畅，促使旅游者在一个旅游活动中往往要把自己培养成投诉专家才能分清投诉渠道。尤其是在线旅游平台“价格战”全面“上线”隐藏着诸多消费陷阱，如何监管在线旅游平台？在以往较好按照属地管理、合同签订地等法律规则处理纠纷的机制存在很大的争论。

这些问题，亟待在分段监管的各部门之上，建立一个层级更高、综合协调能力更强的统一机构受理旅游者遇到的纠纷投诉，并通过这个机构督促各职能部门解决旅游者的投诉，如各监管部门之间发生职责认定分歧，也由其负责裁定，从而实现一揽子解决旅游纠纷的投诉受理机制。

第四，缺乏实施细则，机制建设认识不一。旅游投诉统一受理机制目前还是新生事物，区别于分行业、分段投诉受理模式，虽然在建立统一投诉受理机制问题上，有相应的顶层设计和法律依据，但尚未形成细化、具有可操作性的指导性政策文件或者地方性立法。从目前来看，不同地域投诉受理机制之间存在着较大差异，缺乏一个规范性机制在组织机构建设、队伍保障、业务流程、制度规定等方面做出明确规定，难免出现投诉受理机制建设五花八门、各成一体的局面，造成包括12301、12345、96927等在内的电话受理形式，旅游质监所、监察总队、质监局、执法大队等形式在内的投诉受理机构，离建立统一投诉受理机构的初衷尚有很大距离。

第五，现有投诉受理难以满足形势需要。面对一个国内旅游市场有着50亿人次，入境旅游市场超过1亿人次，出境旅游市场超过1亿人次，中国公民出境旅游目的地国家和地区达100多个的庞大市场，7000多人的投诉队伍难以满足旅游业发展需要。据统计，2017年共收到投诉2.13万件，受理1.92万件，受理率90.18%，为游客挽回经济损失2200余万元。投诉队伍无论是机构规模、人员数量，还是专业素质、执法能力，都远远不能满足旅游业快速发展的需要，难以适应统一市场监管的要求。

## 四、畅通旅游投诉受理机制的主要设想

建立统一的旅游投诉受理机制在形式上并不复杂，政府出台一个文件、发一个通知就可以实现。但附加在投诉受理机制上的机构定位、职能分配、人员配置、执法经费却是错综复杂的。因此，建立更符合中央改革精神、更能理顺监管体制、更能解决群众诉求的旅游投诉受理机制，是一个较为复杂且涉及面较广的系统工程，必须加快体制机制改革入手。

### （一）基本思路

1. 加快推进统一旅游投诉受理机制的实体化建设。一是将统一旅游投诉

实体化建设列入文化市场综合执法一揽子研究事项，做好顶层设计，明确统一投诉受理机构，推进受理机构的实体化建设。整合投诉受理职责，实施全国旅游投诉举报案件办理工作统一协调指挥、处置，实现“四到位”（机构到位、职能到位、编制到位、人员到位），实现旅游投诉举报信息统一管理、处置和数据共享。二是政策倾斜推动建立旅游投诉受理机制。旅游投诉受理统一机制是新生事物，要形成人向统一受理机制走、钱向统一受理机制投、政策向统一受理机制倾斜的工作格局，真正实现减少层次、整合队伍、提高效率的原则，大幅减少执法队伍种类，合理配置执法力量。

2. 加快出台投诉受理机制相配套的法律规定。目前各地统一投诉受理机制多为通知意见，其位阶及有效性皆有待提高。在贯彻法治旅游的当下，各地可以按照本地区经济社会发展实际，突出不同层级职责特点，适时通过地方人大、法制部门出台地方性法规、地方条例或政府规章，把中央政策和《旅游法》已明确的制度要求、法律规定用法的形式固定下来、细化出来，对机构设置、工作职责、运行机制等做出规范，形成具有可操作性的具体措施，增加投诉受理机制的法治含金量。

3. 实施相对集中的旅游投诉受理与综合行政执法试点。按照规则制定、审批许可与监督管理、行政处罚权适当分离的思路，由一个部门实施相对集中的旅游投诉受理与综合行政执法试点，一揽子解决职责交叉、投诉无门、多头执法和执法机构膨胀等问题。政府可以通过授权或委托的方式，将涉旅的相关的投诉受理和行政执法职能委托一个机构负责，确定一个机构统一受理旅游投诉和综合执法。同时，下移投诉受理和行政执法权，加强基层投诉处理和旅游执法力量，积极探索、重点解决上下游旅游产业链和跨区域、跨境旅游活动中的投诉受理、执法机制创新问题。

### （二）具体工作

破解当前旅游市场存在的种种乱象，亟待改革和创新旅游投诉体制和机制，以机构和队伍建设为基础，以经费和技术支持为保障，搭建全方位、立体化、网络化的全国旅游投诉举报受理平台，完善旅游投诉举报工作制度，形成反应快速、处理高效、反馈及时的工作机制。

1. 统一旅游投诉受理机构的主要内容。职能定位：该机构负责投诉举报的受理、转办、处置、回复等工作，实施统一接听、按责转办、限时办结，统一督办，统一考核。机构队伍：现有的各级旅游质监执法队伍具体负责，不增加人员编制。设施设备配备：配置必要的旅游投诉调解室、录音录像等设施设备，保障工作基本需要。业务培训：进行投诉受理上岗培训，使工作人员熟悉投诉举报受理、转办、处置、回复等业务流程，掌握旅游法律法规、旅游常识；同时，加强与相关涉旅部门的交流和学习，形成共同处理旅游投诉的市场监管体制。

2. 建立统一投诉举报平台。开通全国旅游投诉举报网络平台，接受处理游客、企业及社会各界的投诉举报，及时汇总发布各地受理处理情况。统一的投诉举报网络平台可分为两个层级：国家层面建立总的线上平台，各省、市、自治区建立分平台。总平台主要承担督办、统计、通报职责，分平台具体承担核查处理并反馈工作。通过这两个网络平台，整合旅游投诉资源，将原本分散、依靠人工的投诉受理工作，借助信息化手段整合在一起并予以优化升级，实现旅游投诉组织实施、协调处理、督办落实和信息发布的工作合力。数据显示：2017 年，统一投诉平台后平均结案时间同比由 2016 年的 30.80 天缩短到了 23.59 天，减少 7 天。各级旅游质监执法部门依靠大数据大平台在提高了案件受理率的同时，大大缩短了平均结案时间，凸显信息数据时代办案效率的优势。

# 对《关于加强旅游市场综合监管的通知》的认识和理解（上）

[**摘要**] 2016年2月4日，国务院办公厅印发《关于加强旅游市场综合监管的通知》(简称《通知》)。这是继2009年国发《关于加快发展旅游业的意见》、2013年国办发《国民旅游休闲纲要（2013—2020年）》、2014年国发《关于促进旅游业改革发展的若干意见》和2015年国办发《关于进一步促进旅游投资和消费的若干意见》之后，国务院办公厅发布的首个旅游市场监管综合性专项文件，其重要性不言而喻。为什么在这个时候建立“旅游市场综合监管”体系？对旅游市场治理将带来哪些影响？它的主要内容、主要特点是什么？笔者对《通知》的主要内容、重大意义与创新之处进行了对照学习，在此谈一谈自己的认识和理解。

## 一、《通知》出台的背景

### (一)在综合监管上做文章意在从景点旅游模式向全域旅游模式转变，改革市场监管体系

当前旅游市场治理围绕适应旅游发展“两个综合”需求，即综合产业发展和综合执法需求，创新区域治理体系，提升治理能力，实现区域综合化管理。这一思路与《中共中央关于全面深化改革若干重大问题的决定》中提出的“改革市场监管体系，实行统一的市场监管”，以及《中共中央关于全面推进依法治国若干重大问题的决定》中提出的“健全依法维权和化解纠纷机制”的顶层设计遥相呼应，一脉相承；也与“十三五”规划建议提出的“健全使市场在资源配置中起决定性作用和更好发挥政府作用的制度体系”“大幅度减

少政府对资源的直接配置”“限制政府对企业经营决策的干预，减少行政审批事项”等战略部署高度契合。基本要义就是按照生产力发展阶段和程度理顺政府与市场的关系，确保权力放得下去、市场监管跟得上、游客权益有保障。在监管体系上，要实行统一的市场监管，清理和废除妨碍全国统一市场和公平竞争的各种规定和做法，如发挥全域旅游对市场监管的导向作用，统一旅游投诉受理机构等。在市场规则上，强调建立统一的市场准入制度，对保留的许可审批事项要实施“权力清单”管理模式，对取消和下放的审批事项要加强后续跟踪监管和评估，引导和规范市场主体行为。《通知》的具体内容很好地体现了上述精神。

### （二）在综合监管上做文章意在强化旅游综合性产业发展和综合性监管等方面的管理

面对经济新常态和提质增效升级的要求，旅游业全面深化改革有赖于解放束缚旅游产业生产力发展的生产关系，以价值为导向引导旅游基础设施、融资投入流向，以竞争为手段打造旅游目的地和旅游线路，以价格为杠杆调节旅游供需关系和消费走向，完善促进旅游产业发展、惠民强旅政策，激发旅游产业发展内生动力。同时，也需要通过完善市场监管体系，给深化旅游业改革创造一个清新干净的市场环境。一方面，综合监管机制的建立将为打破部门分割、维护广大旅游者的合法权益、更好发挥政府作用以及深化旅游业改革奠定坚实的基础。另一方面，旅游业是综合性产业，市场监管涉及部门、行业、领域多。与一般市场监管不同，旅游具有异地预先销售与本地现场消费、多环节配合的服务消费特性，也是一种跨行业、跨地区、跨国界的广泛的人际交往活动，具有明显的外向性或涉外性，综合监管符合旅游产业的特点，符合法治建设的基本要求。因此，牵住旅游目的地与客源地的“一条线”，而非“一个点”的几家旅行社、几个景点、几名导游，旅游市场监管就能实现旅游综合性产业发展和综合性监管的转变。

### （三）“靶心”对准市场监管意在治理新旧突出矛盾

我国旅游市场仍然面临一些比较突出的问题，可以划分为“市场自身的混乱”和“监管机制的缺位”两方面。市场混乱的主要表现为：在民事方面，旅游活动是人与人、人与自然的相处，链条长，服务标准主观性强、不好量化，易生纠纷；在商事和行政管理方面，“不合理低价游”、强迫消费扰乱旅游市场秩序，长期未能得到有效解决；线上线下商品和旅游服务混同经营、跨区域跨境旅游者权益保护取证难，以及借旅游金融产品、旅游消费券之名行欺客宰客之实等新形式的违法活动屡禁不绝。监管缺位的主要表现为：在管理体制上，各部门职能交叉、职责不清、多头执法矛盾突出；现行旅游执法和投诉实行不同类型的投诉举报由不同的主管部门处理，旅游者遇到纠纷问题，往往因为不清楚主管部门的职责而不知向哪个部门投诉，只能以“我是游客”的无奈一并投诉到旅游部门。面对一个有着50亿人次国内旅游市场、入境旅游市场超过1亿人次、出境旅游市场超过1亿人次的庞大市场，现有7000多人的旅游执法队伍无法满足旅游业发展需要、难以适应统一市场监管的要求。再加上旅游部门受限于职权无法处理相关涉旅纠纷，会挫伤广大群众解决诉求的信心，直接影响市场秩序治理的效率。问题是改革的导向，加强旅游市场综合监管是必要的改革之举。

## 二、《通知》出台的意义

《旅游法》和一些中央文件对市场监管有不少零散的制度设定和整顿要求，由于各种原因这些制度设定并没有落地或发挥应有的作用。基于此，下发一个综合性的指导性文件就显得十分必要。重点方向就是要改革监管框架，顺应加强社会性事务监管的趋势，构建全域大旅游综合协调管理体制，突出抓好市场秩序和旅游者权益保护的事中事后监管，打造面向游客、适应旅游市场发展需求的综合监管框架。

“旅游市场综合监管”的提出，既体现了市场决定性作用和旅游综合性产业的认识深化，也是理顺政府与市场关系、解决体制不顺的实体改革，是从理念到实体的“双重综合”的紧密结合。

### （一）综合监管在理念上突出了三个“一盘棋”

**1. 打造全国治理体系的“一盘棋”**。《通知》要求在国务院旅游工作部际联席会议下设旅游市场综合监管工作小组，地方各级人民政府要建立健全旅游综合协调、旅游案件联合查办、旅游投诉统一受理等综合监管机制，各相关部门要建立旅游市场执法、投诉受理工作的有效协调机制，各旅游企业要依照法律法规主动规范经营服务行为，充分发挥社会公众的监督作用。主要思路是从政府（国务院和地方政府）、各相关部门、旅游企业和社会公众的角度，设定“四位一体”共同监管责任，体现“政府主导、属地管理、部门联动、行业自律、各司其职、齐抓共管、公众参与”的治理原则，通过调动全社会的力量，实施旅游市场治理体系的全国“一盘棋”。

2. **构建多维度协同监管的“一盘棋”**。旅游综合性产业的特点，对应的要求就是构建多维度的协同监管机制。包括三方面内容：一是加强联合执法协调监管。《通知》要求加强部门间对旅游市场违法违规行为的信息沟通，强化联合执法协调监管的相关工作机制。二是加强旅游诚信协同监管。《通知》要求建立失信企业协同监管和联合惩戒机制，将旅游经营服务不良信息记录与企业信用信息公示系统对接，各相关部门要配合旅游部门建立旅游市场主体分类名录库和旅游市场主体异常对象名录库，使旅游失信行为人付出巨大代价。三是加强旅游执法与司法相衔接。《通知》要求建立旅游市场执法机构与公安机关案情通报机制，引导旅游者通过司法、人民调解等途径解决纠纷。早在2011年，中办、国办转发了法制办等八个部门《关于加强行政执法与刑事司法衔接工作的意见》（中办发〔2011〕8号），要求充分发挥行政和司法两种管理手段的作用。党的十八届三中、四中全会也都要求“健全行政执法和刑事司法衔接机制”。《通知》的这些规定，抓住了社会关心的问题，“剑指”市场监管领域存在的“以行政（民事）调解代替行政处罚”“以行政处罚代替刑事追究”问题。也是要求各地、各级旅游质监执法纵向主体之间建立法治化、制度化的信息沟通和执法联动协作，将以往旅游部门“单打独斗”转换到执法监管方式创新的综合监管。

3. **实施法定责任清单的“一盘棋”**。《通知》首次发布国务院层面的部门责任清单，明确了旅游、公安、交通、文化、税务、工商等12个部门监管职能，并且要求各地区、各有关部门也要尽快制定旅游市场综合监管责任清单，从横向和纵向两条线，梳理了各部门、各行业、各区域的监管职责。目的是明确规定哪些职权必须设置，哪些监管责任事项政府必须为，使政府做到“法无授权不可为”，强调“法定职责必须为”，把该承担的责任承担起来，防范监管碎片化，打破那种看似监管职责明确，实际却“九龙治水”相互打架无人监管的局面。需要强调的是，旅游市场综合监管责任清单的提出非常不容易，但相比制度出台，落地执行更为重要。下一步，重点要强化执行力，真正让各部门把《通知》中的监管责任不折不扣地执行好。操作中遇到问题，要按照旅游业发展阶段和企业发展的规律，适时改革深化旅游综合监管模式。

### （二）综合监管在实体上实现了“三个再造”

1. **综合监管的体系再造**。《通知》要求创新旅游市场综合监管机制，方式是制定旅游市场综合监管责任清单、完善旅游法律规范体系、健全完善旅游市场监管标准、推进旅游市场监管随机抽查、建立健全旅游诚信体系、推进综合监管体制改革试点、加强执法与司法相衔接7个方面，实质上再造了一个旅游市场综合监管工作体系，跳出了“就联合说联合”“就综合说综合”的局限，赋予了综合监管机制深厚的内涵，具有极强的针对性和指导性。

2. **综合监管的制度再造**。《通知》在旅游行业开创性设定和明确了很多重大制度，重点包括授权国家旅游局牵头负责统筹旅游市场综合监管工作，理顺旅游执法机构与政府职能部门职责，将旅游市场执法列入综合行政执法体制改革试点，指定统一的旅游投诉受理机构等方面。每一项制度都有党中央、国务院的决策部署，学习理解和贯彻执行必须与行政管理体制改革、深化改革、简政放权、强化事中事后监管、事业单位改革等一系列改革精神结合起来，不可机械理解。

3. **综合监管的治理再造**。2014年，全国人大执法检查组检查《旅游法》一周年实施情况时指出，各地旅游联合执法多数还没有形成规范化、常态化、制度化的运行模式，相关部门之间责任不够清晰，有的甚至各取所需，难以形成合力。《通知》不回避不躲避热点难点问题，按照旅游全产业链条和旅游活动全过程梳理旅游违法行为，不局限于对旅行社和导游的打击治理。监管对象涵盖“食、住、行、游、购、娱”六要素，包括要求组织查处“不合理低价游”、强迫和变相强迫消费、违反旅游合同等违法违规行为，组织查处“黑社”“黑导”等非法经营行为，打击涉及旅游行业的“黑车”“黑店”等非法经营行为，查处民用航空企业侵害航空消费者权益的行为，维护旅游者机票退改签的合法权益等。

综上所述，综合监管是机制体制的革新，不是为处理跨行业、跨部门、跨区域纠纷，临时性、突击性开展的大检查、大整顿等行政执法活动。各地不应满足于以文件转发文件，以会议落实文件，以突击临时运动式执法落实综合监管，而应下大力气出实招硬招，建立政府统筹协调、责任清单、综合执法试点、统一投诉受理机构以及执法经费保障等体制机制。

# 对《关于加强旅游市场综合监管的通知》的认识和理解（下）

[摘要]《关于加强旅游市场综合监管的通知》(简称《通知》)的发布，反映了旅游市场“被动到主动治理”的理念转变，彰显了国家推进治理体系和治理能力现代化的决心，目的是激活大众消费的潜力，释放旅游市场创新的活力。

## 一、《通知》的主要内容

《通知》的内容可以概括为 1 条主线、6 项工作目标、4 部分、17 条具体政策措施的结构框架。既有宏观规划层面的体系布局，也有具体操作层面的实务性内容，是坚持问题导向的一个纲领性文件。主要有以下内容：

### （一）指导思想

《通知》很重要的一条主线是全面贯彻落实党的十八大和十八届三中、四中、五中全会精神，按照全面推进依法治国的要求，深化行政执法体制改革，积极推进综合执法、建立权责统一、权威高效的行政执法体制，是党中央、国务院决策部署在旅游市场秩序治理和改革旅游市场监管体制上的改革创新。贯彻执行《通知》，要紧紧围绕全面建成小康社会、全面深化改革、推进依法治国的战略部署，以及制定第十三个五年规划建议等今后一个时期的重点工作，从理论基础和思想脉络上全面领会《通知》的精神要旨。

### （二）任务目标

当前，旅游综合协调能力不适应市场监管需要，旅游综合监管体制机制还不完善，分行业分段监管模式难以形成合力，统一旅游投诉受理机构建设不到位的问题仍然比较突出。《通知》贯穿着强烈的问题意识，处处体现问题导向，以问题确定任务目标。为根治旅游投诉渠道不畅通、互相推诿、拖延扯皮等问题，《通知》提出要加快建立“权责明确”“执法有力”“行为规范”“保障有效”4个方面的旅游市场综合监管机制。同时，要通过理顺监管体制机制，进一步解决“扰乱旅游市场秩序”“侵害旅游者权益”这两个突出问题。从体制机制和问题导向两个方面设置了6项任务目标，阐述了打破市场监管中难点问题的路线图。

### （三）结构框架

《通知》分别从监管责任、监管机制、监管水平、保障能力4个方面推出强化政府责任、制定责任清单、诚信体系建设、综合执法改革试点、规范旅游执法行为、统一投诉受理机构以及明确质监执法机构性质等17条举措，系统性地明确了加强旅游市场综合监管的具体路径、重点工作和改革方向。此外，还有“综合执法改革试点”和“统一旅游投诉受理机构”的具体时间节点，体系层次严谨，内涵深刻丰富。

## 二、《通知》的主要特点

《通知》开创性工作、创新性内容非常多，笔者认为，该文件的出台有7个“首次”。

### （一）首次由国务院发布旅游市场监管文件

虽然2009年国发41号文件、2013年国办发10号文件、2014年31号文件、2015年62号文件都提出过“完善旅游质量监管机构”“加强旅游服务质量监督管理和旅游投诉处理”以及“打击欺客宰客、价格欺诈等严重侵害消费者权益”的举措，但都是零散的规定，且都不是文件的主导内容。《通知》是对旅游市场综合监管工作经验的总结提炼，有针对性地做出相关规定，是系统性、专门性的综合监管文件，且具体措施硬、改革力度大、可操作性强。

### （二）首次设立高位阶的综合监管工作小组

“515 战略”提出，要不断完善横向协调机制——国务院旅游工作部际联席会议，充分发挥各成员单位的积极性。2015 年 5 月下旬至 6 月中旬，国务院部署开展了对重大政策措施落实情况的第二次大督查，督查中也提出了旅游联合和综合执法机制不健全问题。面对旅游市场监管问题和行业的大力呼吁，《通知》审时度势在国务院旅游工作部际联席会议下设旅游市场综合监管工作小组，授权国家旅游局牵头负责统筹旅游市场综合监管的指导、协调、监督等工作。该制度明确了中央政府、国务院旅游主管部门的监管责任，用活了国务院部际联席会议，明确了具体的工作指向。《通知》再次要求地方各级人民政府要建立健全旅游综合协调、旅游案件联合查办、旅游投诉统一受理等综合监管机制，统筹旅游市场秩序整治工作。这一决策实际是对 2013 年实施的《旅游法》的进一步深化。

### （三）首个国家层面的监管责任清单

部门职责设定科学、内容合理、程序合法，才能确保旅游市场综合监管责任落实到位。十八届三中全会、四中全会通过的《决定》都要求推行权力清单。2015 年，中共中央、国务院印发《法治政府建设实施纲要（2015~2020 年）》，要求“大力推行权力清单、责任清单、负面清单制度并实行动态管理”“省级政府 2015 年年底前、市县两级政府 2016 年年底前基本完成政府工作部门、依法承担行政职能的事业单位权力清单的公布工作。开展编制国务院部门权力和责任清单试点”。上述工作要求，为实施旅游市场综合监管责任清单提供了重要的支撑条件。此次，国办在制定监管责任清单的过程中，按照法定职权全面梳理了各部门的监管职责，并对梳理出的职权逐项论证，征求相关部门提出保留、调整的意见，最后履行部门会签、提请审议等审核确认程序。最终，《通知》明确了 12 部门旅游市场监管责任清单。这是首次从国务院层面对旅游市场综合监管进行顶层设计和整体规划，将对各地区、各有关部门制定旅游市场综合监管责任清单产生积极促进作用。需要强调的是，制定监管责任清单不仅是要理顺部门责任关系、明确问责主体，更在于完善政府简政放权的执行规范，打破部门内部、跨部门和行业内部、跨行业的监管缝隙，强化旅游市场综合监管职责的衔接和紧密配合。

### （四）首次提出推进综合监管体制改革试点

《通知》要求，要根据深化行政管理体制改革的精神，创新执法形式和管理机制，加快理顺旅游执法机构与政府职能部门职责关系，在2016年年底前将旅游市场执法列入综合行政执法体制改革试点。这其中包括三方面工作：一是创新执法形式和管理机制。比如开展随机抽取检查对象、随机选派执法人员的“双随机”工作试点，目的是使执法和管理机制更加正规化、制度化，提高监管效能。二是理顺旅游执法机构与政府职能部门职责关系。一方面强调职能部门与执法机构之间信息共享、衔接配合，适应简政放权、转变政府职能工作需要，加强“先照后证”改革后的事中事后监管，防止出现监管真空。另一方面要求实施政策制定职能与监督处罚职能相对分开，重点是建立专职政策执行而不负责政策制定的综合执法机构，或者是在机构内部实行调查和审理相分离机制，确保旅游行政处罚调查取证与案件审理相分离。三是将旅游市场执法列入综合行政执法体制改革试点。中央编办于2015年印发《中央编办关于开展综合行政执法体制改革试点工作的意见》（中央编办发〔2015〕15号），确定在部分区域开展综合行政执法体制改革试点工作，目的是有效解决多头执法、多层执法和执法扯皮问题。在试点改革任务的具体落实上，要综合调研、比较考察部门内部、跨部门跨行业和区域综合执法等几种主要方式，构建职责明晰的旅游执法职责体系，探索旅游质监执法职能定位和部门机构整合，实施专门从事旅游综合执法的队伍和机制，实行相对集中执法权，解决有开发无监管、条块分割、监管缺位的问题。

### （五）首次提出旅游市场综合监管协调机构

具体内容包括三个方面：一是明确旅游质监执法机构三项职能和工作性质。目前，全国32个省级旅游质监执法机构大多数机构为全额拨款事业单位，人员为参照公务员管理，这反映出地方编办部门对旅游质监执法机构性质总体认识是一致的，但事业单位改革中的机构职能定位不清、人员性质不明一直困扰执法队伍建设。因为2011年中编办印发《关于试点省市承担行政职能事业单位认定和备案的意见》（中央编办发〔2011〕1号），要求严格认定承担行政职能事业单位的标准和范围。认定事业单位承担行政职能的依据是法律、行政法规、地方性法规授权和党中央、国务院文件规定，不以机构名称、经费来源、人员管理方式等作为依据。此次《通知》的出台，要求建立健全旅游执法机构，强化旅游质监执法队伍建设，设定了“全面受理旅游投诉、开展旅游服务质量现场检查和旅游行政执法工作”三项行政职能，解决了机构职能定位依据不足的问题。二是国务院授权国家旅游局指定统一受理全国旅游投诉机构。《通知》要求，国家旅游局负责指定机构统一受理全国旅游投诉工作，向社会公开投诉电话，承担向有关部门或地方政府转办、跟踪、协调、督办旅游投诉处理情况的职责。这是落实《旅游法》第九十三条规定的具体举措，也符合国务院《关于促进市场公平竞争维护市场正常秩序的若干意见》(国发〔2014〕20号)中“整合优化各职能部门的投诉举报平台功能，逐步建设统一便民高效的消费投诉、经济违法行为举报和行政效能投诉平台，实现统一接听、按责转办、限时办结，统一督办，统一考核”的精神，全面加快了统一旅游投诉受理机构实体化建设的步伐。三是各级政府也应建立或指定统一的旅游投诉受理机构。《通知》要求，各级政府要在2016年年底前建立或指定统一的旅游投诉受理机构，实现机构到位、职能到位、编制到位、人员到位，根治旅游投诉渠道不畅通、互相推诿、拖延扯皮等问题。该规定既明确了时间节点，也设定了“四位一体”的机构建设目标。面对各地频现的“天价鱼”“天价虾”“天价炕”等事件，在重点旅游城市和旅游目的地建立统一投诉受理机构是一个可行的改革思路。

### （六）首次全方位要求提高旅游市场综合监管水平

主要思路包括三方面：一是重点抓好旅游市场综合监管人员、旅游从业人员以及广大旅游者三个主体的法律法规普法宣传教育，目的是要求旅游市场综合执法人员必须经执法资格培训考试合格后方可执证上岗，要求旅游从业人员主动规范经营服务行为，要求广大旅游者理性消费、文明出游。二是要将旅游市场秩序整治和服务质量提升工作纳入政府质量工作考核，对影响旅游市场秩序的重大事件要实行督办问责制度，以此来进一步提高各地政府对综合市场监管的重视程度。在具体工作中，重点是形成撬动地方政府和旅游目的地重视旅游市场秩序的效果。同时，要求履行监督管理职责中违法违纪的执法监管人员承担法纪责任。三是要完善旅游法律规范体系，建立健全旅游市场综合监管的长效机制，对重大处罚决定建立合法性审查机制，对旅游执法裁量权要有基准制度，进一步细化、量化行政裁量标准，合理规范裁量种类、幅度。目的是要更加重视行政处罚应有法定程序规定，明确旅游行政处罚案件调查、案件审理和自由裁量的具体标准，统一执法尺度。

### （七）首次提出加强旅游市场综合监管基础保障

主要思路包括三方面：一是加强执法经费保障。因各地财政收支情况不一，《通知》没有“一刀切”，只是原则性地要求各地加强执法经费保障，执法经费项目、类型等具体事项可根据各地区财政情况、办案经费开支和装备项目的实际因地制宜落实。二是首次提出利用旅游大数据开展旅游市场舆情监测分析工作。国家旅游局开发建设的“12301”旅游服务热线和“全国旅游投诉举报网络平台”，实现了实时处理游客、企业及社会各界投诉举报，以及汇总发布各地受理处理情况的功能，形成旅游投诉受理、协调处理、督办落实和信息发布的工作合力。通过未来几年的数据积累，将显著提升旅游市场舆情监测分析能力。三是建立旅游市场综合监管过程记录制度。监管过程记录制度是严格执法、科学执法、文明执法的基本要求，一方面是要充分发挥执法记录仪在执法监督中的作用，另一方面也有震慑旅游违法行为者的作用。

治理旅游市场是一项系统性工作，需要强化各级政府的领导责任，严格考核旅游市场秩序整治和服务质量提升工作，督办问责旅游市场秩序重大事件。需要更多相关部门按照责任清单主动担当，主动出击治理旅游市场。需要强化媒体主动曝光扰乱旅游市场秩序典型事件，积极监督反馈旅游市场违法问题。需要旅游行业协会主动发挥自律作用，引导旅游经营者注重质量和诚信。也需要广大游客积极提供各类违法违规行为线索，遵守文明旅游、依法维权、理性消费。只要通过各方不懈的努力，就能逐步破解旅游市场综合监管权责不清、体制机制不顺、监管水平滞后、保障能力不强等深层次问题，共同打造一个更加规范有序的旅游市场环境。

# 第二编

## 旅游执法监管的热点、难点和实务

**［导语］** 2013 年 4 月 25 日全国人大常委会通过《旅游法》，标志着我国旅游市场和监管工作都进入一个新阶段。法律实施是一个不断协调的过程，要把一部静态、纸面上的法律转化为具体行政行为和实实在在的执法成绩，对市场督查组织者以及一线执法人员来说都是一个挑战。最热最难的"不合理低价游"问题,《旅游法》实施几年各地都很难处罚一件不合理低价游案件，这就是我们面临的市场现状。"不合理低价游"整治、"春季行动""暑期整顿"和"秋冬会战"四轮战役的扎实开展，重要意义不仅在于严厉打击旅游市场违法行为，更重要的是更加全面认识"不合理低价游""挂靠承包"等新情况、旧问题。这些问题有的源于法律过于原则与抽象，有的源于具体办案中对难点问题的认识分歧；很严重但是容易忽视的是实践中常常混淆立法、适用和执行的边界，把办案程序和取证规则失策的问题，过多偏执于或者说附加在法律解释上，反映问题却不能准确提出难点和症结是什么、在哪里，基于此的法律适用并不利于问题的解决，也许这就是法律执行难的一个重要因素。

"救火队"的状态其实反映的是长期性结构出了问题，难点问题只有坚持不懈地去面对、去解决，抱怨一百次不如真实地解决一次，才能找到问题的病灶和法律适用的焦点。只要是常态化地依法严格监管，就能传递出稳定的、持续的、可预期的信号。关键是要把握职能管辖、证据固定、行为定性和自由裁量等要点的认定和分析，更好地把握法律精神和执法实践，推动司法审查和行政执法的互动。与此同时，市场主体同样存在理解和解读旅游法的问题，如何使市场主体的经营行为能在符合旅游法规定和执法规范要求的框架下开展，既做到合规经营又能达到最佳的市场效果，是每个市场主体需要认真思考的问题。

# 如何识别并处理“不合理低价游”

[摘要]国家旅游局坚定不移地开展“不合理低价游”专项整治行动，主要措施是实施全国“一盘棋”治理，围绕目的地与客源地、组团社与地接社、线上企业与线下企业、突击检查与长效机制建设、出入境游与国内游“五个同步”的要求，抓住“价格关、合同关、购物关”三个重点环节开展执法办案。社会各界高度关注此次专项行动，围绕“不合理低价游”掀起了一轮讨论热潮。各地也反映“不合理低价”指的是何种情形，违法事实认定如何核实，法律解释和司法实践都没有明确，执法实践中这方面的经验也比较匮乏。

笔者结合相关法律法规规定和案件督办实践，对相关争议问题进行一些探讨，谈谈个人对此问题的理解，以求教于同人。需要说明的是，本文所指“不合理低价游”，是《旅游法》第三十五条“不合理低价”和《旅行社条例》第二十七、三十四、三十七、五十三、六十、六十二条等多个法律规范的统称。

## 一、正确理解立法原意是办案执法的基本要求

目前，办案执法中存在几种倾向：

### （一）只看三十五条不看其他法律规定

《旅游法》第三十五条共三款，第一款用三个要件对“不合理低价”进行了规范，后两款对具体购物场所和另行付费旅游项目做出了规定，但是目前主要围绕什么是“不合理低价”几个字眼，甚至围绕有没有“不合理高价”来讨论，总体上是一种反反复复进行字面上的讨论。被忽略的还有《旅行社条例》第二十七、三十四、三十七、五十三、六十、六十二条这6个条款，分别对“以低于旅游成本的报价招徕旅游者”“要求导游人员和领队人员接待不支付接待和服务费用的旅游团队”“要求导游人员和领队人员接待支付的费

用低于接待和服务成本的旅游团队”“要求导游人员和领队人员承担接待旅游团队的相关费用”“不向接受委托的旅行社支付接待和服务费用”“支付的费用低于接待和服务成本的”以及“接待不支付或者不足额支付接待和服务费用的旅游团队的”几个环节进行了规范，涵盖了对“不合理低价游”办案的主要需求。

### （二）只看部门不看其他

比如，《反不正当竞争法》第八条规定了“回扣”等商业贿赂问题，就一概认定查处“不合理低价游”权限在工商、在价格部门。《旅行社条例》第53条规定：“违反本条例的规定，旅行社向旅游者提供的旅游服务信息含有虚假内容或者做虚假宣传的，由工商行政管理部门依法给予处罚。违反本条例的规定，旅行社以低于旅游成本的报价招徕旅游者的，由价格主管部门依法给予处罚。”有执法人员就认为是价格问题、是宣传问题，不是旅游部门职责而予以规避，实质上是架空了旅游部门对“不合理低价游”查处的职责。这里忽略了三个问题：一是特别法与一般法关系，同是由全国人大常委会颁布的《反不正当竞争法》和《旅游法》，虽然都有关于价格方面的规定，但比较而言，《反不正当竞争法》是一般法，《旅游法》第三十五条和《旅行社条例》关于价格方面的规定则属于特别法，即在涉及“不合理低价”时，应优先适用《旅游法》第三十五条。二是法条竞合问题，《旅行社条例》第五十三条规定“旅行社以低于旅游成本的报价招徕旅游者的，由价格主管部门依法给予处罚”，但不能否定旅游部门在发现旅行社违反《旅游法》第三十五条行为时，无权惩治“低于旅游成本的报价招徕旅游者”，否则就人为割裂了“组织招徕”与“组织旅游活动”的关系。三是部门重合的问题：旅游是综合性产业，反映到执法办案来看，比较明显的就是监管交叉大量存在。

### （三）只看条文不看立法原意

前文多次指出：如果只看“不合理低价”字面上的解释、文字上的多少，执法就会陷入困惑。立法语言都蕴藏着一定的立法意图，法条主义的弊端在于对法的理解及其适用过于机械化和简单化，简单从字面理解“不合理低价游”可能产生误读。法律规定“不得以不合理低价组织旅游活动”是引子，核心指向是“诱骗旅游者参加自费项目获取回扣等不当利益”，这才是查处第三十五条违法行为的根本。解决上述对“不合理低价”的认定、回扣等不正当利益争论的关键，在于结合法律规范的立法原意，全面认定事实、查证违法行为，准确适用法律。这就需要办案人员必须深刻理解法律规范，以其来指引办案执法工作。

### （四）只询问调查不全面取证

一份调查结论显示：“暂未发现经营不合理低价旅游产品”“低价产品是限时限量促销活动”“不存在不合理低价旅游行为”，这些意味着一个办案程序告一段落。一般来说，办案执法中可以行使的权力有“对涉嫌违法的合同、票据、账簿以及其他资料进行查阅、复制”，责成被检查旅行社“如实说明情况并提供文件、资料”等。但是在目前的“不合理低价游”案件中，检查运用的主要办法是询问以及例行检查。比如，某地调查结果称“暂未发现经营不合理低价旅游产品”，检查措施只是要求旅行社提供合理解释，带回资料案卷审查，并未对其是否支付接待服务费用进行核查，有的核查了账目，但未查清账目的具体数额，也未计算经营所得。另外，组团社出具否定不合理低价的情况说明，地接社以“不记得服务接待费用具体数额”答复，上述自述直接被认定为定性依据，办案据此陷入不利境地。还有本应提取的地接接待费用和行程确认件、往来账目凭证等证据，实践中有的办案人员却未提取这方面证据。

## 二、“不合理低价游”的认定要点

### （一）为什么“不合理低价游”不能核算

旅游费用主要是旅行社组织旅游活动支出的各项直接费用之和，组团社的旅游费用主要包括大交通、地接费用和其他费用三部分，地接社的旅游费用主要包括住宿费用、小交通费用、餐费、门票费用、导服费用和其他费用6部分，一般不包括间接费用或其他隐性费用。在旅行社配合检查的情况下，按照旅行社提供的合同行程确认单、结算单、相关旅游费用发票单据，旅游费用是可以计算的。但是，有一些旅行社旅游合同档案保存不完整、弄虚作假故意隐瞒藏匿财务账目，拒不配合检查，人为导致旅游费用无法计算，主要有以下情形：

1. 一些旅行社以法定代表人不在当地，会计、出纳等人员请病假或事假因而找不到账簿资料等理由，无法提供或者拒不提供招徕组织接待旅游者的各类合同、团队名单及相关文件、资料，以及和旅游者签订的旅游合同及发票票据。

2. 一些旅行社根本不设账或者账外设账，无法提供或者拒不提供旅游团队报价确认单、团队预算表、费用结算单、相关旅游费用发票单据，面对办案人员要求提供费用构成材料避重就轻，仅提供手工记账年度财务报表资料，扰乱办案人员的视线。

3. 一些旅行社在提供相关旅游费用时，以隐匿、销毁账簿资料等方式逃避检查，虚列、多列接待收入，虚列、减少接待支出标准，交通、景区、餐费等结算单据，材料不全，又不能做出合理的说明。

4. 组团社地接社、旅行社导游、旅行社购物场所之间相互串通，成套捏造合作协议、确认单、报价单等材料，造成原始证据隐匿无法查证。

5. 造成旅游费用无法核算的其他情形。

### （二）查证“不合理低价游”的主要方法

办案中判断和认定一个旅游产品是否“不合理低价”，要取得地接社“接待低于接待和服务成本的旅游团队”、组团社“支付的费用低于接待和服务成本的”，以及“诱骗旅游者参加自费项目获取回扣等不当利益”的事实依据。重点要厘清旅游团队成本报价、低于市场价 30% 线索排查以及产品费用构成认定三个方面。

1. **成本报价调查取证**。未掌握充分证据之前，办案人员在初步接触时，不适于大张旗鼓地查办，应先沟通了解企业经营情况、产品报价、单项构成等细节，对于谈话中暴露的可疑点，办案人员要及时敏锐地抓住疑点，追问下去。不少旅行社的会计和出纳由一人兼任，采购和计调由一人兼职，记明细账与总账一人兼职，办案要注意这个取证的重点环节和内容进行突破。必要时，可以要求提供旅游团队行程，与旅行社计调、财务人员核算团队费用的项目和构成。比如在检查一家旅行社时，了解到组团社按照 660 元 / 人的标准支付给地接社，但简单核算地接门票 250 元 / 人、索道 144 × 0.9=129.6 元 / 人、房费 190 元 / 人、餐费 120 元 / 人、车费 6000 ÷ 50=120 元 / 人，办案人员从经营成本、报价费用开始，逐步把谈话引到要查的收不抵支上，确定了组团社支付的费用显著低于接待和服务成本的事实，此时被询问人已经无力辩解，据此锁定一个违法构成要件。办案人员顺藤摸瓜，在旅行社计算机和档案资料中，查到应付地接明细、行程单、预算表、确认件、订房车传真件等材料，发现“购物明细表”“加点明细表”以及“团队利润明细表”等全套回扣资料，办案人员立即集中力量着手进行导游带团过程的取证，迅速固定“旅行社诱骗旅游者参加自费项目并获取回扣的违法事实”证据，掌握了书面证据、证人证言、计算机数据、当事人陈述、现场检查笔录等相互衔接、互相印证的证据链，防止旅行社篡改、转移或销毁证据的可能。

2. **对比分析排查认定**。成本报价核算法简单实用，但决定核算的“签订的旅游合同和发票、应付地接明细、行程单、预算表、确认件、订房车传真件”等基础要件来源较窄，数量少，不容易取得。因此，报价成本核算法未必都能在办案中直接适用。但不能因为无法核算成本报价就放弃对违法行为的查处，否则就违背了立法的本意。此时，办案人员可以以行为发生地的一般经营者的标准，比照《最高人民法院关于适用〈中华人民共和国合同法〉若干问题的解释（二）》第十九条关于“转让价格达不到交易时交易地的指导价或者市场交易价 70% 的，视为明显不合理的低价”的内容，以及《国家旅游局关于打击组织“不合理低价游”的意见》中“旅行社的旅游产品价格低于当地旅游部门或协会指导价 30% 以上”的认定，结合办案实践综合分析、判断和认定。一般来说，目的地旅游线路具有“同质化”的特性，接待业务也主要由几家旅行社将游客集中起来组团操作。因此，目的地地接交通、住宿、门票、餐饮等基本价格是可以测算的，并据此排查其是否合理。

### （三）决定旅游费用的产品构成的认定要点

无论成本报价还是对比分析法，要确定“不合理低价”，都要弄清旅游产品的费用构成及认定方法，掌握旅行社处理购物场所（消费场所）给付回扣的方法。

1. **大交通费用认定方法**。通过火车往返的，费用可直接依据火车票票面价格认定；通过大巴往返的，费用可依据实际发生的费用认定；通过飞机往返的，费用可按票面价格乘以折扣或扣除奖励性机票后的金额认定。关键要调取并搜集能说明支出大交通费用已实现的账簿记录、原始凭据。

2. **地接费用的认定方法**。可依据双方来往报价单、结算单传真确认件和来往实际账目来认定。

3. **住宿费用的认定方法**。可依据该旅行社和宾馆饭店的合作协议价格或者实际结算单认定。关键要调取并搜集能说明支出住宿费用已实现的账簿记录、原始凭据。

4. **餐费的认定方法**。可依据旅游合同或行程单中标明餐标标准，或者旅行社实际支付给餐厅的费用结算单认定。关键要调取并搜集能说明支出餐费已实现的账簿记录、原始凭据。

5. **小交通费用的认定方法**。可依据该旅行社和车辆公司的用车合作协议或者实际用车结算单认定。关键要调取并搜集能说明支出用车费用已实现的账簿记录、原始凭据。

6. **景区（点）门票费用的认定方法**。可依据景区（点）的散客价格、团队价格、减免优惠政策，以及旅行社和景区（点）门票协议价格认定。但要注意调取和搜集加点提成的钱款，是旅游者少付款，还是旅行社获取了高额的额外收入来区分折扣和回扣。

7. **调查旅行社处理购物场所（消费场所）给付回扣的方法**。在“收入明细”科目中反映，以佣金的名义将人头费作为收受款项的用途，开具收款收据；在“营业外收入”科目中反映，以返利、进店提成、加点提成费名义收取回扣；还有就是收受回扣不入账，通过微信或现金、私人账户等入账。关键要调取并搜集能说明收受回扣并已实现的账簿记录、原始凭据。

## 三、“不合理低价游”的执法要点

“不合理低价游”具有普遍性、干扰大、处罚难的特点，尤其是回扣查处隐蔽性强，一般询问盘查难以发现；旅行社（组团社和地接社）、导游、购物场所（消费场所）之间具有利益相关性，调查取证比较困难；旅游执法没有强制措施，执法程序有掣肘。

### （一）对旅游费用的产品构成进行调查取证，需要注意的办案要点

1. 针对组团社和地接社不同特点，调取并搜集佣金收入、收款凭据、银行入账、现金等收款记录和组团社付款凭据，以及证明当事人通过购物自费项目获取回扣的询问笔录，赶在可能出现的串供、毁证、改账之前抓紧取证。

2. 全面检查涉嫌旅行社办公场所，盘查旅游合同、财务账目等书面档案材料，特别要注意对计算机资料的全面提取和固定。

3. 明确有关旅行社和导游之间返佣、人头等回扣的计算及分摊过程，排查旅行社和导游通过加点提成、进店提成获取经营收入的证据材料。

### （二）成本报价调查取证，办案执法调查要点

1. 以证人证言、当事人陈述证明诱骗旅游者参加自费项目（购物场所）。对于何为“诱骗旅游者”，《国家旅游局关于严格执行〈旅游法〉第三十五条有关规定的通知》（旅发〔2013〕362 号）提出：旅行社或者其从业人员通过虚假宣传，隐瞒旅游行程、具体购物场所及商品或者另行付费旅游项目等真实情况的手段，诱使旅游者参加旅游活动或者购买相关产品和服务的，应认定为“诱骗旅游者”。对旅游者是否受到诱骗交易的调查取证，应向导游、旅游者全面、细致、客观调查取证。要询问清楚旅游者购物的主观意愿，重点锁定旅游者在被诱导的情况下，又缴款消费的过程、情节，尤其注意问明导游诱骗成交的情节、手段、方式及过程，详细记录在案，充实证人证言等证明材料。

2. 以客观情形证明诱骗旅游者参加自费项目（购物场所）。完善证据链要围绕导游、旅行社为了获得购物店、景区景点返利，着重推销了上述购物场所，重点调查搜集旅行社与购物场所（旅游景点）返佣、返点、人头费政策，以及检查游客被带入小房间接受“授课”讲解，购物店有人把守、上厕所先购物、进行言语刺激等具体手段、方式，将旅行社诱骗的方式、手段固定下来。

### （三）适用对比分析法，办案中要着重把握三个关键点

1. 必须以案发时案发地的客观情况为依据，以相同或类似的旅游线路为基础，获取能佐证旅游团费或地接费用低于市场价 30% 的法人陈述或导游等相关人员的询问笔录，排查价格是否符合一般大众的认知。

2. 必须以决定旅游费用的地接交通、住宿、门票、餐饮等为主要因素，对涉及的地接交通、住宿、门票、餐饮、自费项目以及由此获取的利润等关口都应予以取证，排查旅游团费或地接费用是否低于市场价的 30%，价格差异可以反映出费用不合理的程度，但不能直接以行业平均成本作为认定和查

处的依据。

3. “不合理低价”不要求必然是“低于成本价”，核心是要证明旅行社以不正当的利益引诱旅游者购物消费。因此，要注意调取并搜集反映取得返利、进店提成、人头费、购物提成的电子数据、账簿记录、记账凭证、原始凭证，以及有关旅游合同、合作协议、购物返佣资料等关键性的直接证据，开展外围调查，力争全面查明单个旅游线路运营的来龙去脉，环环相扣，相互印证，形成证据链。

### （四）适用“不合理低价游”的法律规则

目前规定对“不合理低价游”查处的法律法规条款主要是《旅游法》第三十五、九十八条和《旅行社条例》第二十七、三十四、三十七、五十三、六十、六十二条等条款，对“不合理低价游”的处罚，《旅游法》有规定的，从其规定；没有规定的，依据条例处罚。因此要依据“不合理低价游”的类型、特征和违法行为选择处罚依据。

1.**《旅游法》第三十五条违法案件法律适用要点**。“不合理低价”的实质是旅行社以不正当的利益引诱旅游者购物消费，必须具备“诱骗旅游者获取回扣”的目的和客观要件。其特点是主观上具有诱骗故意性，在客观上违反了旅游法律法规的规定，实施了不合理低价的行为。三个要件具备方可适用《旅游法》第九十八条给予“责令改正，没收违法所得，责令停业整顿，并处三万元以上三十万元以下罚款；违法所得三十万元以上的，并处违法所得一倍以上五倍以下罚款；情节严重的，吊销旅行社业务经营许可证；对直接负责的主管人员和其他直接责任人员，没收违法所得，处二千元以上二万元以下罚款，并暂扣或者吊销导游证、领队证”的处罚。

该条款适用要点：第一，罚款和吊销经营许可证可并处也可单独处罚，但处罚直接负责的主管人员和其他直接责任人员的，必须并处，不可选择适用。第二，有违法所得的，必须并处没收违法所得，不可只罚款、只吊销，不没收违法所得。

2.**《旅行社条例》第三十四条违法案件法律适用要点**。如果“不合理低价游”的主要特征是“旅行社要求导游人员接待不支付接待和服务费用或者支付的费用低于接待和服务成本的旅游团队”，或者要求“导游人员承担接待旅游团队的相关费用”之一的，且不能查证“诱骗旅游者获取回扣”的目的和客观要件，不应适用《旅游法》第九十八条的规定，而应按照《旅行社条例》第六十条给予“2 万元以上 10 万元以下的罚款。”

该条款适用要点：第一，其并未将诱骗旅游者主观故意、获取回扣后果作为查处“不合理低价游”的认定条件。第二，一旦查实操作了“低于服务接待成本”旅游团队，不能查实境外地接社回扣等情形的，可按照《旅行社条例》查处。

3.**《旅行社条例》第三十七条违法案件法律适用要点**。如果“不合理低价游”的主要特征是旅行社“不向接受委托的旅行社支付接待和服务费用”“支付的费用低于接待和服务成本”或“接待不支付或者不足额支付接待和服务费用的旅游团队”之一的，且未查证“诱骗旅游者获取回扣”的目的和客观要件，不应适用《旅游法》第九十八条的规定，应按照《旅行社条例》第六十二条给予“责令改正，停业整顿 1~3 个月；情节严重的，吊销旅行社业务经营许可证”的处罚。

通过对上述不完全相同但相关联法律条款的全面比较，办案人员才能更好地理解“不合理低价游”的立法本意。办案执法须严格遵守法律进行逻辑推理，更需要按照立法意图对违法与否做出合乎法律的判断，严格遵照法律规范来认定事实和适用法律，不随意对“不合理低价游”做扩张性或限制性认定，防止执法办案的随意性，以更好地服务于办案执法实践。

# 对“不合理低价游”的再认识

［摘要］通过执法实践加深了对“不合理低价游”违法链条和操作模式的认识，总结了认定“不合理低价游”的方法，引发社会各界对“不合理低价游”的高度关注，掀起了一轮共同声讨和抵制“不合理低价游”的热潮。

立法在《旅游法》第三十五条规范“不合理低价游”时，规定“旅行社不得以不合理的低价组织旅游活动，诱骗旅游者，并通过安排购物或者另行付费旅游项目获取回扣等不正当利益”，对保障旅游者合法权益，维护市场秩序具有导向意义，但该条中的“不合理低价”指的是何种情形，违法事实认定如何核实，法律解释和司法实践都没有明确，执法实践中这方面的经验也比较匮乏。寄希望通过立法来界定“不合理低价”和认定责任的努力，因为认识不清、取证困难、处罚尺度不一引发的讨论质疑、执法困惑并没有停止。笔者结合相关法律法规和案件督办实践，对“不合理低价”这一个主要争议问题进行一些探讨，谈谈个人对此问题的理解，以求教于同人。

## 一、什么是“不合理低价”

界定《旅游法》第三十五条“不合理低价”一向被认为是查处“不合理低价游”案件的关键，学术研究、行政解释和司法解释也适应性地跟进。目前，各方认识并不统一，反映出的结果是执法效果并不明显。有关“不合理低价”认定主要有以下三种观点：

第一，“不合理低价”的认定要件是包价旅游产品报价不得低于经营、接待和服务成本。《〈中华人民共和国旅游法〉解读》提出：“不得以不合理的低价组织旅游活动，即旅行社经营包价旅游等服务的招徕报价，除正当、合理的情形外，不得低于其经营、接待和服务成本。这里的‘正当、合理的’情形，主要包括批量采购机票的总成本在销售后期已经收回并产生盈利之后，旅行社采取团费报价降低对剩余的名额进行促销，或者旅行社将景区、住宿经营者向其集中支付的奖励性款项作为促销补贴面降低团费等。”

第二，“不合理低价”的认定要件是低于经营成本，以不实价格招徕游客，并采取“列举 + 兜底”的方式规定“不合理低价”的 5 种表现形式。《国家旅游局关于打击组织“不合理低价游”的意见》（旅发〔2015〕218 号）规定：所谓“不合理低价”，是指背离价值规律，低于经营成本，以不实价格招徕游客，以不实宣传诱导消费，以不正当竞争扰乱市场。

第三，“不合理低价”的认定要件是一般经营者的判断，并参考交易当时当地的指导价或市场价，并以不到 70% 的指导价或交易价来判断明显不合理的低价。依据是《最高人民法院关于适用〈中华人民共和国合同法〉若干问题的解释（二）》第十九条规定：“对于《合同法》第七十四条规定的‘明显不合理的低价’，人民法院应当以交易当地一般经营者的判断，并参考交易当时交易地的物价部门指导价或者市场交易价，结合其他相关因素综合考虑予以确认。转让价格达不到交易时交易地的指导价或者市场交易价 70% 的，一般可以视为明显不合理的低价。”司法实践中，法官会如何来认定低于成本？参考一则比较具有典型和借鉴意义的案例。

## 案例及评析

### 北京 ×× 图书有限公司与北京 ×× 信息技术有限公司倾销纠纷案

2008 年 10 月，江苏 ×× 出版社出版发行了《×× 正传》一书，定价 35 元。同年 10 月，江苏 ×× 出版社向 ×× 图书公司出具《发行委托书》和《出版物征订发行委托书》，委托其在全国范围内发行上述图书。江苏 ×× 出版社于 2009 年 1 月 13 日出具证明，主要内容为该社已将《×× 正传》一书交由 ×× 图书公司在全国独家发行。×× 图书公司称其以图书定价 5.5 折即 19.25 元的价格在全国范围内发行了《×× 正传》一书。

2008 年 11 月 13 日，×× 图书公司通过其员工从 ×× 信息公司的网站“×× 网”购买《×× 正传》521 册，单价为 16.4 元。×× 信息公司以涉及商业秘密为由拒绝说明其所售图书的来源和进价，并提出其在 2008 年 10~12 月共售出涉案图书 1032 册，价格从 16.4 元至 29.8 元不等，每册平均价格为 19.77 元，期间进行了短期的促销。法院认为：

1. 低价倾销行为不同于《反垄断法》上的倾销行为。×× 图书公司在本案中起诉 ×× 信息公司以低于成本的价格销售图书《×× 正传》构成不正当竞争，而非指控 ×× 信息公司实施了垄断行为，故对 ×× 信息公司提出本案应适用《反垄断法》审理的辩称，本院不予支持。

2. 是否构成低价倾销的举证责任在原告。×× 图书公司主张 ×× 信息公司的上述销售价格低于 ×× 信息公司自身的成本，其应就此承担举证责任。

3. 低于成本应以企业个别成本为主、参照行业平均成本来判断。双方自行商定的合同价款，约束力仅及于 ×× 图书公司与合同相对方之间，并不具有约束合同以外其他经营者的效力。现 ×× 图书公司未能举证证明 ×× 信息公司所售涉案图书的实际成本，也没有提供证据证明涉案图书本身的成本和图书行业的平均成本。因此，不能将上述价格作为涉案图书的成本价，亦不能推定 ×× 公司低于上述价格销售涉案图书即构成低价倾销。

综上来看，可以形成以下认识：一方面，“不合理低价”是意思不确定、多义性的行政法概念，使用不确定性法律概念，目的是规范千变万化的具体案件。现行学术研究、行政解释界定“不合理低价”认定方法，一定程度上阐述了“不合理低价”的外在表现形式，对于解决执法实践中遇到的一些有关“不合理低价”认定的疑难问题有指导意义，但是在适用上述司法解释及政策性文件的过程中，由于旅游产品的多样性，准确内涵无法从法律条款中推导出来，再次解释往往又会陷入什么是成本价、市场价的反复解释泥潭中，也比较难直接套用在执法实践中。笔者认为，对“不合理低价”的界定并不是一个“1+1=2”的问题，文本解释并不能有效解决或者说替代执法实践中对具体违法行为的事实认定和核算过程。相反，一味地从法律条文的字面来解释“不合理低价”反而会陷入文本主义的困境，造成执法的更多困惑。另一方面，“不合理低价”这一不确定性法律概念的执法要旨是以“一般大众的认知”，辅之“低于市场价 30%”。与认定“不合理低价”具有相似性的是如何界定“饮酒”？何为“醉酒”？若依据通俗的、字面上的理解应该是“饮了酒”“喝醉了酒”，交警部门来认定驾驶人员是否违法仍然存在执法困难。因此，要将一般性的法律概念适用于具体的执法案件，就有必要将“饮酒”“醉酒”这两个不确定法律概念具体化。即按照法律的原意，在“酒驾”“醉驾”法律概念与案件事实之间找到相似性的中间概念，使其能适用于具体的执法案件之中。根据《车辆驾驶人员血液、呼气酒精含量阈值与检验》的规定，酒驾是指驾驶人员每 100 毫升血液中的酒精含量大于或等于 20 毫克，小于 80 毫克。醉驾是指驾驶人员每 100 毫升血液中的酒精含量大于或等于 80 毫克。通过“国家标准”这一中间概念和“不得有危险驾驶”这一立法目的，“饮酒”或“醉酒”达到了个案执法的具体化。同样的道理，“不合理低价”在具体化过程中一是设定了一个价值目标，即为了保障旅游者合法权益、保护市场有序竞争，不能允许“不合理低价组织旅游活动”的行为。二是以普通经营者、旅游者的认知，即社会大众的一般认知能力作为评判依据，辅之以低于市场价 30% 来判定，也是一种“不合理低价”具体化的实践过程。

因此，判断“不合理低价”，一旦查实以低于接待和服务费用的价格提供或接待旅游服务，且无正当理由和充分证据证明的，可以认定为违反《旅游法》第三十五条“以不合理的低价组织旅游活动”。同时，具体个案实践中也可以以社会大众的一般认知能力作为评判依据，辅之以低于市场价 30% 来判定是否符合“不合理低价”。

## 二、“进店提成、返点、人头费、停车费”是佣金还是回扣

《国家旅游局关于严格执行旅游法第三十五条有关规定的通知》（旅发〔2013〕362 号）提出：旅行社或者其从业人员违反反不正当竞争的有关规定，或者通过诱骗、强迫、变相强迫旅游者消费，收受的旅游经营者以回扣、佣金、人头费或者奖励费等各种名义给予的财物或者其他利益，应认定为“回扣等不正当利益”。但在“不合理低价”案件查办中，假借佣金之名行回扣之实的现象屡见不鲜，许多旅行社对于佣金回扣的认识还很模糊。尤其是关于回扣等不正当利益的性质，一直有不同的认识。一方面，旅行社可以赚取佣金，“进店提成、返点、人头费、停车费”等费用不是回扣。另一方面，经营者支付旅行社的商品或消费价款只要如实入账就不违法。主要依据和理由是旧《反不正当竞争法》第八条规定：“经营者不得采用财物或者其他手段进行贿赂以销售或者购买商品。在账外暗中给予对方单位或者个人回扣的，以

行贿论处；对方单位或者个人在账外暗中收受回扣的，以受贿论处。经营者销售或者购买商品，可以以明示方式给对方折扣，可以给中间人佣金。经营者给对方折扣、给中间人佣金的，必须如实入账。接受折扣、佣金的经营者必须如实入账。"《工商总局关于禁止商业贿赂行为的暂行规定》第五条第二款规定，所谓回扣是指"经营者销售商品时在账外暗中以现金、实物或者其他方式退给对方单位或者个人的一定比例的商品价款"。

新《反不正当竞争法》第7条规定，"经营者不得采用财物或者其他手段贿赂下列单位或者个人，以谋取交易机会或者竞争优势"。《国家工商行政管理局关于旅行社或导游人员接受商场支付的"人头费、停车费"等费用定性处理问题的答复》（工商公字〔1999〕第170号）中提出，《反不正当竞争法》第八条禁止经营者为销售或购买商品而采用财物或其他手段进行贿赂的行为，其实质是禁止经营者以不正当的利益引诱交易。商场为吸引旅行社和导游人员组织旅行团到商场购物，按旅行团人数以"人头费、停车费"等名义或按游客购物成交额的一定比例给付旅行社或导游人员一定的财物，属于以不正当利益争取交易。

其指出了查处回扣等不正当利益的办案要点：

第一，判断"佣金"与回扣的关系。关键是考察"佣金"背后是否真实存在服务行为，是否为了促成购物消费收受了旅游购物场所、自费景点经营者的好处。财政部、国家税务总局《关于企业手续费及佣金支出税前扣除政策的通知》（财税〔2009〕29号）规定，企业不得将手续费及佣金支出计入回扣、业务提成、返利、进场费等费用。因此，即使双方的合作协议载明是佣金，在符合条件的情形下也可认定是回扣。

第二，查处回扣不以账外暗中为要件，不能反推法律对"如实入账"的规定，认定"入账"就是正当利益。应该认识到，不入账是一种财务会计违法行为，是否如实入账都可以是查办回扣案件的线索，但不是直接认定回扣等不正当利益的依据。因此，旅行社不论给予或收受这种利益是否入账，只要这种利诱行为以争取交易为目的，属于以不正当利益获取交易。

第三，旅游购物场所、自费景点经营者支付的"提成、返点、人头费"等，无论是给予旅行社，还是导游等雇员以及代理人、代表人，都不是佣金，都可以认定属于回扣。比如，一些旅行社或者司机利用路边停车、上厕所先进购物店的方式向旅游者推荐不对公众开放的购物场所，购物店给予"停车费”，不能认定是旅行社提供了服务赚取的“佣金”。

## 三、三个要件是并列关系还是单一关系

执法实践中，各地反映要取得《旅游法》第三十五条规定的“诱骗旅游者、获取回扣”之间形成的完整证据链，达到取得的证据真实、合法且与具体案件事实相关联的标准，同时满足三个条件过于苛刻，因此也产生了很多争议。

### （一）并非所有的“不合理低价游”都能适用《旅游法》第三十五条和第九十八条

《旅游法》第三十五条规定，“旅行社不得以不合理的低价组织旅游活动，诱骗旅游者，并通过安排购物或者另行付费旅游项目获取回扣等不正当利益”。而《旅行社条例》第六十二条第一款第一项规定：“违反本条例的规定，有下列情形之一的，由旅游行政管理部门责令改正，停业整顿1~3个月；情节严重的，吊销旅行社业务经营许可证：旅行社不向接受委托的旅行社支付接待和服务费用的。”上述两个条款的区别在于《旅游法》和《旅行社条例》对于“不合理低价”和“不支付接待服务费用”的处罚条件是不一样的，“不支付接待和服务费用”并无“诱骗旅游者、获取回扣”的规定，而是只要“不支付接待服务费用”查证属实就可处罚，它强调的是违法事实和违法行为人本身成立与否，并不要求查证违法后果，但是《旅游法》第三十五条在“不合理低价”上却多加了两个适用条件。

造成上述差别的原因在于，一旦有“不支付接待和服务费用”行为就可能出现“诱骗旅游者”，达到“获取回扣等不正当利益”的目的，而在“不合理低价”上这种危害并不必然发生，所以立法做了不同的规制。也就是说，通过这两个法条的对比，可以发现“不合理低价”的“诱骗旅游者、获取回扣证据”两个要件不是可有可无的，必须是现实发生的，只有满足上述要件才能按照《旅游法》第九十八条处罚。

### （二）对照三个要件，对“不合理低价”需重点把握三点

1.“不合理低价”是客观要件，认定标准应以低于接待和服务费用的价格

提供或接待旅游服务，以及以社会大众的一般认知能力作为评判依据，辅之以低于市场价 30% 来判定。当然，这种大众认知必须是客观的市场规律，而不是个人主观的爱好判断。

2.“诱骗旅游者”是主观要件，认定标准应以旅行社、导游有明知、应知而故意诱骗旅游者消费购物的情节和事实来判定。

3.“获取回扣等不正当利益”是客观要件，认定标准应以旅行社或导游为获取消费提成、购物返点而故意引诱旅游者交易来判断，不以“人头费、停车费、佣金”等来往账目的名称作为依据。

综上所述，在“不合理低价游”法律规范下，低于成本是“不合理低价”的从属概念，是“不合理低价”的表现形式之一，除低于成本以外，“不合理低价”还有其他表现形式。“不合理低价”并不是一个单独的违法行为，应该是一个违法线索。如果不诱骗旅游者、不获取不当利益，只是一般的低价是市场行为，不属于《旅游法》第三十五条规制的内容。执法办案的关键在以一般经营者、旅游者的判断，比如低于指导价 30%、显著低于交通住宿成本，进而查处是否旅行社有“诱骗旅游者参加自费项目获取不当利益”的违法行为，才是全面准确地适用了《旅游法》第三十五条。

## 四、结论

第一，“不合理低价游”，是《旅游法》第三十五条“不合理低价”和《旅行社条例》第二十七、三十四、三十七、五十三、六十、六十二条等多个法律规范的统称。目前很多争论质疑主要围绕什么是“不合理低价”几个字眼，甚至围绕有没有“不合理高价”来讨论，大体上是一种反反复复进行字面意义上的讨论，没有紧扣“不合理低价游”的法律规范系统性进行讨论和认识。更需要注意的是，目前这种认识似乎已经成为一种“社会共识”，但其实是相当模糊的，很多争议正因此而生。

第二，“不得以不合理低价组织旅游活动”是“引子”，核心指向是“诱骗旅游者参加自费项目获取回扣等不当利益”，这才是查处《旅游法》第三十五条违法行为的根本。《旅游法》第三十五条共三款，第一款共三个要件，“不合理低价”不是一个单独违法行为，应该是一个违法线索。因此，必须同时满足三个要件才符合“不合理低价”主客观方面的构成要件，才可能以《旅游法》第三十五条和第九十八条进行处罚。执法实践要紧紧以引子为案件查办线索，查实诱骗旅游者，进店提成、加点提成等获取不当利益的违法行为，一项具体行为才能成为合法、有效的行政行为。

第三，认定和查处“不合理低价游”需要严格遵守法律进行逻辑推理，更需要严格遵照法律规范来认定事实情节，按照立法原意对违法与否做出合乎法律的认定，依据违法的类型、特征和行为选择适用《旅游法》第三十五条“不合理低价”和《旅行社条例》第二十七、三十四、三十七、五十三、六十、六十二条等不同的法律规范。

# 旅行社“承包挂靠”的法律性质与执法探讨

[摘要]“全国史上最大规模整治风暴”有力地打击了旅游市场的不法行为，更为重要的是查找和梳理出了市场上存在的“挂靠承包”“不合理低价游”等突出问题，形成了一定的执法共识，每一次具体执法行为都是一次法律条款的理解深化。“挂靠承包”是专项执法中困扰旅行社经营和旅游质监执法人员的一个难点，虽然《旅游法》《旅行社条例》对于旅行社行业的“挂靠承包”问题予以明确的禁止，但执法实务部门对认定取证和法律适用有不同的认识，且存在法院与执法机关认定标准不一致的问题。两个比较明显的问题是：在立法上，我国旅游法律中并无“挂靠承包”的准确定性，更多是一个约定俗成的行业用语，法律规定的禁止事项是“转让、出租、出借旅行社业务经营许可证”；在司法判决上，民事判决和行政裁定限于“案由”的藩篱，过于注重论述“不适用行政法规”的意见，没有区分“挂靠承包”与“出租出借转让”的事实关系和法律性质，缺乏协调统一。

为更加清晰地掌握和认识“挂靠承包”问题，本文重点对“挂靠承包”专项整治工作中有关事实认定、法律性质和执法取证进行研究分析，以帮助我们在实践中对“承包挂靠”行为有更深的认识，为便于讨论，本文仍然以“挂靠承包”代替“转让、出租、出借旅行社业务经营许可证”。

## 一、旅行社“挂靠承包”的主要经营形式和法律行为

旅行社业务许可证主要载明被批准经营业务的企业名称、许可经营业务及审批机构等内容，它是旅行社从事经营活动的主要法律依据。根据《行政许可法》第九条规定，依法取得的行政许可，除法律、法规规定依照法定条件和程序可以转让的外，不得转让。《旅游法》第三十条规定，旅行社不得出租、出借旅行社业务经营许可证，或者以其他形式非法转让旅行社业务经营

许可。《旅行社条例》第四十七条规定，旅行社转让、出租、出借旅行社业务经营许可证的，由旅游行政管理部门责令停业整顿1~3个月，并没收违法所得。《旅行社条例实施细则》第二十七条规定，旅行社业务经营许可证不得转让、出租或者出借。

### （一）旅行社“挂靠承包”的三种经营形式

目前市场上的旅行社“挂靠承包”主要表现为三种经营形式：一是向总社包部门；二是挂靠包台；三是包专线。包部门是旅行社签订协议将其一个业务部门、门市部承包给他人，成为总社名义上的一部分，实际上基本等于一个独立的旅行社，这种“挂靠承包”费用最高，还要缴纳质量保证金，大的旅行社甚至成立“品牌维护部”，专门负责催促收缴管理费。挂靠包台是旅行社或者业务部门将其办公区域划出一块租给他人，按月支付管理费或者分摊水电办公租金费用，一般不再缴纳质量保证金。包专线是相对固定地经营一条或者几条旅游线路，如港澳专线、普吉专线，甚至帕劳专线等。表现形式无论怎么变化，其实质就是名义上属于某个旅行社，但事实上是其独立操作旅行社业务、组织接待旅游者。

### （二）旅行社“挂靠承包”的表现形式和法律特征

旅行社“挂靠承包”在法律上称为“出租出借非法转让旅行社业务许可证”。可见，非法转让旅行社业务经营许可是违法行为，其主要表现形式包括三种：一是出租旅行社业务经营许可，即经营许可权利人将其独有的主体资格和营业资格许可赋予他人使用。二是出借旅行社业务经营许可，即以无偿的方式转让经营许可证，这是区别于出租旅行社业务经营许可的最大特征。三是以其他形式非法转让旅行社业务经营许可，这里的“转让”并不等于出售旅行社“牌子”，旅行社将某一部门“转让”出去，旅行社自身仍可从事旅行社经营活动，即允许他人以自己的名义从事旅行社业务，造成受让方事实上非法经营旅行社业务。

一般来说，出租、出借，或者以其他形式非法转让旅行社业务经营许可违法行为具备四个特征：一是主观故意性：出租人明知应知自己仍将许可证转让他人使用，通过采用利用他人名义承接旅游业务的方式来规避法律，达到谋利的目的；转让的证件可以是真的，也可以是伪造或变造等假的，可以是自己的，也可以是通过购买、出租等方式获得的，只要不是被强迫或被他人盗用的。二是承租行为真实存在：承租人使用出租人的名义从事了许可证核准范围的经营活动。三是客观受益性：出租人允许他人使用自己的许可证从中获取利益，包括管理费等金钱费用和非物质利益。四是承租人独立自主性：承租人自主决定人事、财务、招徕、接待等经营管理活动；承租人不隶属于出租人，除按约定比例或固定金额交纳出租费用外，出租人不负任何亏损，承租人独立核算、自主经营、自负盈亏。

因此，所谓“挂靠承包”，即旅行社将其某个业务部门（门市部、专线等）转让、出租、出借给他人，受让方使用旅行社提供的业务许可证、旅游合同、银行账号、印章等经营资格、证明，以该旅行社的名义独立开展旅行社业务的经营活动。从司法实践和民事规定来看，虽然“挂靠承包”属于行政法上的违法事项，但就“挂靠承包”当事双方而言它实质上是一种转让许可证照的合同关系，即有资质的旅行社允许没有资质的经营者使用其名义从事旅游业务的行为。

## 二、“挂靠承包”与“内部承包”的界定及效力认定

“挂靠承包”和“内部承包”是执法实践和司法审判中争议比较大的问题。立法上，“内部承包”在我国法律中并无系统的、明确的规定，旅游行业这方面的规定更少，但从各地的司法解释和司法实践来看，“内部承包”的法律效力普遍受到法律保护。实践中，“挂靠承包”的表现形式除了包部门、包专线和包台之外，还有大量的以其他非法形式存在，况且当事人为规避法律禁止性规定不会签订一份“出租、出借、转让许可证协议书”，而往往是以“经营目标责任书、部门经济责任书”形式出现，导致大量的民事司法判决裁定旅行社“挂靠承包”只是“内部承包合同”或“达成目标责任制的承包协议”，不违反法律、行政法规的强制性规定，实质上否定了或者说缩小了执法部门查处“挂靠承包”的空间，促使实践中“内部承包合同”往往被用作法律禁止的“出租、出借、以其他非法方式转让”的幌子。这种情况说明了立法、执法、司法层面对“挂靠承包”缺乏统一的认识。

## （一）内部承包应当主体适合、管理有序

从建设工程领域的司法解释来看，北京市高级人民法院《关于审理建设工程施工合同纠纷案件若干疑难问题的解答》、浙江省高级人民法院《关于审理建设工程施工合同纠纷案件若干疑难问题的解答》、福建省高级人民法院《关于审理建设工程施工合同纠纷案件疑难问题的解答》、杭州市中级人民法院《关于审理建设工程及房屋相关纠纷案件若干实务问题的解答》均肯定“内部承包”的法律效力。

《江苏省高级人民法院建设工程施工合同案件审理指南》规定，没有资质的实际施工人借用有资质的建筑施工企业名义的，在实务中常被称为“挂靠行为”。实践中判断是否挂靠行为，可以从三个方面考察：有无产权联系，即其资产是否以入股或合并等方式转入现单位；有无统一的财务管理，不能以承包等名义搞变相的独立核算；有无严格、规范的人事任免、调动、聘用手续等。

综合而言，与旅行社“挂靠承包”比较接近并普遍得到认可的有两条：一是不具有主体资格的个人、合伙组织或企业以具备从事主体资格的企业的名义从事活动；二是没有资质或等级低的企业以资质等级高的企业的名义从事活动。上述解释认定“内部承包”的核心：承包人是与其下属分支机构或职工所签订的承包合同，并且承包人应对工程施工过程及质量等进行管理。

“内部承包”有两个比较重要的认定要件：一是内部承包限于施工企业的分支机构或内部员工。判定内部员工应当以是否有劳动或隶属管理关系来判断，具体可通过双方是否签订劳动合同、缴纳社会保险、支付工资、人事档案管理等来综合判断。一旦内部承包人主体不适合，在司法实践中会被认定为“企业承包合同”。二是内部承包应当在资金、技术、设备、人力等方面给予支持、进行管理。它的违法之处在于转让资质、收取管理费后不顾工程监管过程及质量。一旦未尽到相应的管理义务，在司法实践中会被认定为“违法挂靠”。

## （二）“只享收益不担风险”的协议是挂靠经营

从建设工程领域的司法案例来看，最高人民法院审理“北京市 ×× 建设工程公司与原北京市 ×× 建设工程公司第三工程处挂靠经营纠纷案”

(〔2006〕民二终字第 71 号)时认为，当事人作为公司内部的机构，是自主经营，自主招聘人员，独立核算，自负盈亏，自己缴纳相关税费，自身滚动发展而获得资产、设备，只是固定向公司支付管理费，而不需要再支付任何其他费用，该公司亦不承担该内部机构的任何风险及其他民事责任，其与该公司之间所形成的法律关系是挂靠经营法律关系，而不是承包经营关系。上述判例的核心是认为：被挂靠方只是配合对方承接工程，收取管理费，而不承担工程施工管理，不承担技术、质量、民事责任。换言之，“只享收益不担风险”的协议，双方形成的法律关系是挂靠经营法律关系。

这些司法解释和司法案例虽然不是旅游执法的直接依据，但大量诉讼纠纷的出现一方面反映了“内部承包”的确是一种广泛见于各行各业的经营模式，另一方面也说明其所呈现出来的规律可以为我们查找认定“挂靠承包”行为提供一个取证指引。

## 三、查处“挂靠承包”需要注意的几个问题

执法最终要从纷繁复杂的法律、判决中找到可循的规律、认定事实、形成证据链、堵塞执法漏洞、防范执法风险。查处认定“挂靠承包”的核心是“正面查实许可权转让”证据确凿，“反面排除内部承包”可能存在。

### (一)正面查实许可权转让

这里重点就是依据旅游法律规定的禁止事项进行调查取证，确保基本事实认定准确。

1. 查证旅行社是否有“出租、出借，或者以其他形式非法转让旅行社业务经营许可”的行为。重点围绕许可证权利人是否故意许可他人使用自己名义，以及相对人是否没有经营资质或资质不够而以许可证权利人名义从事了许可证所核准范围的经营活动两方面进行取证。注意搜集旅行社明知应知旅行社业务经营许可而故意实施转让的笔录和第三人旁证，以及相对人签订的旅游合同、旅游者名单、交易对象的旁证材料。执法活动中，要迅速控制财务、人事、挂靠部门，要求其提供相关财务票据、劳动合同、承包协议等资料并立即制作询问笔录以固定关键证据。考虑到多个同样违法行为的大量存在，现场取证面临时间和能力的不可控性，一次取证难度较大，再次取证又

很容易出现证据的转移或灭失。对其同一违法行为，要抓住关键环节、关键人物进行取证，避免枝节问题的过分深入，造成因关键证据取证不全而导致行政败诉。

2. 查证旅行社是否“准许或者默许其他企业、团体或者个人，以自己的名义从事旅行社业务经营活动”“准许其他企业、团体或者个人，以部门或者个人承包、挂靠的形式经营旅行社业务”。相关人通常以旅行社的分支机构、内设部门等形式对外开展活动。这种表象很容易造成承包挂靠双方的法律关系是内部承包关系的认定，甚至在司法实务中普遍会做出这样的认定。执法取证中，要注意排除这个漏洞。一是要了解掌握承包挂靠方主体情况。旅行社和承包方是否两个独立的经济主体，有的承包挂靠方有一定的经营行为能力，如一些国内社、出境社也有一定的经营权利，不能想当然认为其所有行为均是无证经营。二是要仔细分析挂靠双方的协议。有选择地突出一些条款，例如“约定被告承包经营原告的旅游业务”“向其提供办公经营的条件、场所、合同、发票及业务专用章，允许其使用公司名义进行营销、招商”“承担在经营管理过程中出现的一切经济责任和法律风险”“一切营业费用和营业成本自行承担”“一次性付清管理费”以及“在经营过程中出现安全责任事故所导致的经济损失，或者因出现劳动争议、工伤和意外事故而使员工遭受人身伤害或财产损失，其一切责任和损失自行承担和赔偿”等。注意把这些证据以询问笔录的方式予以固定，确保认定证据与待证事实之间形成相应的证据链。

3. 查证旅行社是否客观受益性。旅行社允许他人使用自己的许可证，往往承包人都必须向旅行社交纳一定数额的费用，包括管理费、承包费等金钱费用和非物质利益。执法活动中，要注意固定取得按约定比例或固定金额交纳给旅行社的费用的协议、原始凭据。在督查中，有关如何搜集管理费问题上，鉴于一般财务人员要么不回答、要么答非所问，执法人员必须突破财务经理才能取得进展。执法人员应敏锐把握财务经理的心理状态及其发展变化。财务经理作为旅行社的部门负责人，一般不会主动向执法人员反映客观真实的情况。在此情况下，执法人员向财务经理讲清楚，违法事实和后果与其没有关系，即使有处罚也只是处罚旅行社，不是处罚财务经理。通过不懈的交流，财务经理的戒备心理将逐渐消除，主动提出自己与挂靠人不同，其是企业的正式员工，行使的是公司的职务行为，主动配合做笔录、提供管理费名目和总账。

### （二）反面排除内部承包

这里重点就是依据司法实践和细则规定进行调查取证，防止当事人后续引发抗辩异议。

虽然行政法规没有涉及“内部承包”的规定，但司法实践尤其是民事判决很多肯定旅行社“内部承包”的客观存在，具体执法行为应当援引行政法规的规定进行执法活动。为了保证执法行为的有效性，具体执法过程中可以有意识地采取排除法，堵塞当事人后续以“内部承包”对执法行为提出异议的可能，才能在行政复议、行政诉讼中立于不败之地。

执法重点要排查承包人经营活动的独立自主性。按照《旅行社条例实施细则》的规定，设立社应当对分社和服务网点进行管理，分社要实行人事、财务、招徕、接待的“四统一”，服务网点要实行管理、财务、招徕和咨询的“四统一”。这与工程领域司法实践认定“内部承包”的观点一脉相承，即在合同管理上，承包人应当是旅行社的分支机构或内部员工，在质量监管上，旅行社应当在资金、人力、招徕、接待（咨询）等方面进行管理。具体执法中，尤其要注意，当事人为谋取各自的利益而达成一致，可能会出现种种规避法律禁止性规定的行为。

1. **签订名为内部承包实为非法转让许可的协议**。重点要搜集协议是否规定承包方承担质量管控、纠纷赔偿等一切责任关系证据，以及与挂靠方进行交易的第三人的旁证、发票、收条、合同、来往账款单据、询问笔录等。包括承包协议的目的，承包人的经营资质，搜集并判断承包人是否自主决定人事、财务、招徕、接待（咨询）等经营管理活动，是否业务部门自行发布旅游广告或推出产品，是否以门市部名义与宾馆饭店、车船公司、景区（点）、购物点以及其他旅行社签订合同，发生业务关系，是否经营盈亏的最终承受者等。

2. **变相把外来人员纳入旅行社人员范围**。“手段高明”的经营操作完全可以通过在旅行社建立承包人完整的人事、劳动、社会保险关系，达到内部承包要求的“内部员工”标准，实现逃避检查的目的。查看被承包方企业员工招工手续、聘用合同、人事任免、工资档案及社会保险关系，重点要搜集并固定承包方自行出资采购办公设备、签订劳动合同、组织招徕、发布产品对外销售等证据，查实社保缴纳的实际出资人、缴纳方法和目的，排除是否为了满足形式要件变相由承包人自行缴纳社保，不能仅凭一份合同认定。督查中，要注意相关负责人可能不回答，或者对关键问题采取沉默态度，有必要对相关业务人员进行隔离调查，制作询问笔录，防止统一口径，查实形式合规变相违法的行为。

3. **变相使用统一的税务发票**。督查中发现，一些旅行社的承包挂靠部门使用的发票、收据、书面合同、印章等都符合“四统一”管理的规定，但企业内部实施两级管理、两级核算、自主经营、自负盈亏的管理模式，挂靠承包部门的资金调用和团款结算由该部门自行决定，只是为了满足税务、审计的形式要求，更有甚者是为了追求更好的经营数据以便在评优评强中占得先机而有意为之。执法活动中，要注意搜集应收应付团款、经营利润等是否记入被承包方的账册，区分旅行社提供统一的税务发票仅仅是掩饰转让许可权的“一道便门”，还是企业的内部经营指标。

综上，具体执法要清晰地掌握承包人之所以要承租，关键是因为没有相应的主体资格和经营许可，所以承租人在经营活动中，包括招徕接待、税务发票、签订合同、往来汇款、缴纳税费等，都要以旅行社的名义做出。因此，表面的隶属关系、合同管理与被管理关系不应是判断当事人之间是否“内部承包”的唯一标准。执法取证判断双方之间的经营法律关系应当依据承包双方之间的协议约定、分支机构的设立、财产取得以及双方之间的经济关系等多方面来分析认定。

# 旅行社“承包挂靠”的事实认定和法律适用

［**摘要**］我国《旅游法》对从事旅行社业务企业的准入资格有严格规定，按照企业缴纳的注册资本、质量保证金、经营管理人员和导游、经营年限以及行政处罚等资质条件，划分不同的经营国内旅游业务、入境旅游业务和出境旅游业务的旅行社。实践中，一些缺乏经营资质的企业、个人为了进入旅行社行业，为了经营出境旅游业务，与取得资质的旅行社签订“承包挂靠”协议，以该旅行社的名义从事经营活动。旅行社“挂靠承包”实质上破坏了旅行社业务行政许可和质量保证金监管体制，危害的是旅行社行业的有序竞争和旅游者的合法权益，加上“挂靠承包”的普遍性、隐蔽性和危害性更说明了从严治理旅游市场的必要性。出现这一问题，一方面是巨大的利益驱动，追求利润最大化让一些旅行社经营者根本不顾及法律的规定，只要能激发承包者积极性，开拓旅行社市场，做大旅游市场，就是“最大的法”，而通过转让经营资质恰好可以绕过申请设立旅行社缴纳质保金的“障碍”，还可以收取可观的、固定的管理费；另一方面是市场监管缺位，较少去查办“挂靠承包”案件让市场误以为“挂靠承包”没法管、无人管、管不了。

“挂靠承包”是专项执法中困扰旅行社经营和旅游质监执法人员的一个难点。虽然《旅游法》《旅行社条例》对于旅行社行业的“挂靠承包”问题予以明确的禁止，但执法实务部门对认定取证和法律适用有不同的认识，且存在法院与执法机关认定标准不一致的问题。在司法判决上，民事判决和行政裁定限于“案由”的藩篱，过于注重论述“不适用行政法规”的意见，没有区分“挂靠承包”与“出租出借转让”的事实关系和法律性质，民事判决和行政裁定缺乏协调统一。为更加清晰地掌握和认识“挂靠承包”问题，本文重点对“挂靠承包”专项整治工作中有关事实认定、法律判决、法律适用问题进行研究分析，以帮助我们在实践中对“承包挂靠”行为有更深的认识。

## 一、我国关于“挂靠承包”的法律规定及认定规则

法治社会的一个重要标志就是纷争都由司法来终结。虽然法律尤其是行政法规都否定了“挂靠承包”的合法性，但查阅相关司法判决，让旅游执法人员“吃惊”的是：大多数民事判决肯定旅行社“挂靠承包”的合法性，并且从“合同的平等性”来否定其不违反行政法规。

### （一）行政性法规规定汇总

1.《旅游法》第三十条规定，旅行社不得出租、出借旅行社业务经营许可证，或者以其他形式非法转让旅行社业务经营许可。该条款从法律层面，通过行政禁止性条款和罚则的方式，否定了出租、出借旅行社业务经营许可证，或者以其他形式非法转让旅行社业务经营许可的合法性，并且规定了严厉的违法责任。

2.《旅行社条例》第四十七条规定，旅行社转让、出租、出借旅行社业务经营许可证的，由旅游行政管理部门责令停业整顿1~3个月，并没收违法所得；情节严重的，吊销旅行社业务经营许可证。受让或者租借旅行社业务经营许可证的，由旅游行政管理部门责令停止非法经营，没收违法所得，并处10万元以上50万元以下的罚款。该条不同于《旅游法》之处在于：它是以罚款的方式否定出租出借旅行社业务经营许可证的合法性，且专门规定“受让和租借方”的法律责任。

3.《旅行社条例实施细则》第二十七条规定“转让、出租或者出借旅行社业务经营许可证行为”的两个标准：一是除招徕旅游者和符合本实施细则第四十条第一款规定的接待旅游者的情形外，准许或者默许其他企业、团体或者个人，以自己的名义从事旅行社业务经营活动的；二是准许其他企业、团体或者个人，以部门或者个人承包、挂靠的形式经营旅行社业务的。该条的认定要点是“准许非本企业＋以自己名义经营”，以及“准许非本企业＋承包挂靠”，认定要件比较原则简单。

4.《旅行社条例实施细则》第二十五条规定，设立社应当与分社、服务网点的员工，订立劳动合同。设立社应当加强对分社和服务网点的管理，对分社实行统一的人事、财务、招徕、接待制度规范，对服务网点实行统一管理、统一财务、统一招徕和统一咨询服务规范。其要点就是人事、财务、招徕、

接待的“四统一”，违反就可能出现旅行社分支机构承包、挂靠。

5.《最高人民法院关于审理建设工程施工合同纠纷案件适用法律问题的解释》(法释〔2004〕14号)第一条规定，建设工程施工合同具有下列情形之一的，应当根据《合同法》第五十二条第五项的规定，认定无效：承包人未取得建筑施工企业资质或者超越资质等级的；没有资质的实际施工人借用有资质的建筑施工企业名义的。

6.《交通运输部办公厅关于“挂靠经营”含义的复函》(交办运函〔2016〕703号)规定，《道路旅客运输及客运站管理规定》所称“挂靠经营”，是指道路客运车辆的机动车登记证书及行驶证的所有(权)人不具备道路客运经营资质，但以其他具备资质的企业名义从事道路旅客运输经营活动的行为。

7.原卫生部《关于对非法采供血液和单采血浆、非法行医专项整治工作中有关法律适用问题的批复》(卫政法发〔2004〕224号)规定，医疗机构将科室或房屋承包、出租给非本医疗机构人员或者其他机构并以本医疗机构名义开展诊疗活动的，属于出卖、转让、出借医疗机构执业许可证。

综上，在旅游行政规定上，直接引用旅行社“挂靠承包”的法律规定、司法解释、行政解释并不多，很少直接引用旅行社“挂靠承包”，都是以“出租、出借，或者以其他形式非法转让旅行社业务经营许可”进行法律规定。但涉及相关领域的，最高人民法院制定的《关于审理建设工程施工合同纠纷案件适用法律问题的解释》，以及北京、江苏、福建、山东、广东等地高级人民法院制定了大量关于“挂靠承包”的补充和细化规定。

### (二)民事规定司法解释汇总

1.《最高人民法院关于审理旅游纠纷案件适用法律若干问题的规定》第十六条规定，旅游经营者准许他人挂靠其名下从事旅游业务，造成旅游者人身损害、财产损失，旅游者请求旅游经营者与挂靠人承担连带责任的，人民法院应予支持。

2.《消费者权益保护法》第三十七条规定，使用他人营业执照的违法经营者提供商品或者服务，损害消费者合法权益的，消费者可以向其要求赔偿，也可以向营业执照的持有人要求赔偿。

3.《最高人民法院关于适用〈中华人民共和国民事诉讼法〉的解释》第五十四条规定，以挂靠形式从事民事活动，当事人请求由挂靠人和被挂靠人依法承担民事责任的，该挂靠人和被挂靠人为共同诉讼人。第六十五条规定，借用业务介绍信、合同专用章、盖章的空白合同书或者银行账户的，出借单位和借用人为共同诉讼人。

综合考察上述旅行社、工程和医疗领域“挂靠承包”的法律规定、司法解释，可以发现：

第一，《消费者权益保护法》和《最高人民法院关于适用〈中华人民共和国民事诉讼法〉的解释》都认为，在旅游者无过错的前提下，承包方均应当就旅游者的损失承担民事责任，出借资质方和借用资质方应当对旅游者承担连带赔偿责任。在对外民事法律关系中，挂靠者与被挂靠者对外负连带责任，旅游者可以要求旅游经营者与挂靠人承担连带责任，在内部民事法律关系中，被挂靠者因赔偿权利人损失后，可以向挂靠者追偿。同样，大多数司法裁判认为：以“内部承包”无资质或挂靠向法院主张无效的，人民法院不予支持。

第二，行政管理性法规与民事性法规存在一定差异。行政管理性法规突出强调“出租出借或以其他形式非法转让许可”的原则性和违法性，民事规定突出判断“企业内部承包合同”的例外性和有效性。这直接导致民事判决与行政判决、行政执法在“挂靠承包”的阐述上差异很大，基本上是同样的经营操作模式，行政执法和行政诉讼会认定的是“出租、出借旅行社业务许可证”，民事诉讼却一边倒地支持“挂靠承包”的合法性，与之相伴的执法实践和司法审判因为执法人员、法官认识不同而产生完全迥异的调查结论、审判结果。

第三，旅行社行业认定“挂靠承包”与其他行业立法存在一定的差距，关于旅行社“挂靠承包”案例众多，但认识不统一、司法裁判规则未形成等问题比较明显，导致司法裁定和行政执法在实践中会缺乏足够的法律和理论支撑。

## 二、我国关于“挂靠承包”的案件及裁判规则

### （一）民事裁判汇总

1. 傅 ×× 上诉广东省 ×× 旅行社股份有限公司经营合同纠纷案

被上诉人为甲方、上诉人为乙方，双方签订《广东省 ×× 旅行社股份有

限公司 ×× 营业部经营责任书》，约定：甲方将营业部所有资质及资产授权予乙方经营，甲方聘任乙方为营业部经理，乙方为营业部的实际负责人。乙方不得在营业部所在市行政辖区内投资于其他旅行社业务或经营旅行社业务，乙方向甲方缴纳保证金 8 万元，营业部的所有财务开支按甲方财务制度执行，营业部独立承担营业部的租金、税金及其他所有经营、管理费用，因此而造成甲方损失的，乙方应负赔偿责任。乙方应保证营业部每月定期向甲方上报财务报表、包括资产负债表、费用表、损益表、现金流量表、大额应收应付明细表和发票使用情况报表。因营业部经营和其他运作所造成的法律后果全部由乙方承担，造成营业部或甲方损失的，乙方应全部予以赔偿。如营业部违规操作，甲方有权按违规团队实际营业额的 50%扣罚，并可视情节轻重，开除乙方并终止本经营责任书，所有损失由乙方承担。

傅 ×× 在经营期间，因 ×× 营业部拖欠 ×× 公司旅游团款导致本案 ×× 旅行社被诉，经法院判决判令 ×× 旅行社支付 90940 元及利息给 ×× 公司，依照双方所订协议约定“因营业部经营和其他运作所造成的法律后果全部由乙方承担，造成营业部或甲方损失的，乙方应全部予以赔偿”，傅 ×× 明知拖欠 ×× 公司旅游团款而没有及时支付，是造成本案 ×× 旅行社被诉的原因，对此，傅 ×× 应负全部责任。

一审法院认为，双方签订的《广东省 ×× 旅行社股份有限公司 ×× 营业部经营责任书》没有违反法律、行政法规的强制性规定，应为有效。

二审判决驳回上诉，维持原判。

2. 云南 ×× 旅游总公司上诉张 ××、梁 ×× 债权纠纷案

张 ×× 系云南 ×× 旅游总公司的员工，双方签有劳动合同书，云南 ×× 旅游总公司与张 ×× 又签订了经营责任书，约定张 ×× 作为云南 ×× 旅游总公司下属门市部负责人，对该部门负有直接经营管理责任，在经营过程中产生的债权债务及各项费用由其承担，责任自负，实行“独立结算、自负盈亏、自我约束、自负责任、保证完成利润指标”的经营体制。

一审法院认为，张 ×× 系海外公司下属不具有独立法人资格的 ×× 路 ×× 门市部负责人，其一切经营行为均是以云南 ×× 旅游总公司名义进行的职务行为；《旅行社管理条例实施细则》明确规定“旅行社不得以承包、挂靠或变形承包、挂靠方式非法转让经营权或部门经营权”，因此云南 ×× 旅游总公司与下属 ×× 路 ×× 门市部之间是管理与被管理的关系，张 ×× 与云

南 ×× 旅游总公司所签经营责任书是企业内部经营管理的一种方式，双方间不能形成承包法律关系。

二审法院认为，经营责任书为张 ×× 与云南 ×× 旅游总公司在平等、自愿的基础上达成的协议，其内容体现了权利义务相一致，系平等主体间的纠纷，属于人民法院的案件受理范围。

3．深圳市 ×× 旅行社上诉马 ×× 内部承包合同纠纷案

深圳市 ×× 旅行社聘任马 ×× 为其拓展部经理，马 ×× 每月必须完成上缴深圳市 ×× 旅行社产品形象及广告推介费，每月完成最低交客指标，如马 ×× 无法完成，深圳市 ×× 旅行社有权从马 ×× 所缴的经营风险保证金中扣除或要求马 ×× 补足未完成部分，超出部分作为该部门经理及员工的奖金。

一审法院认为，原、被告签订的《协议书》是双方当事人的真实意思表示，协议内容不违反法律、行政法规的强制性规定，上述协议合法有效。

二审认为，×× 旅行社与其员工马 ×× 之间关于公司内部拓展部成立内部承包合同关系，且合法有效，予以确认。

4．朱 ×× 上诉衡阳市 ×× 旅行社有限公司追偿权纠纷案

原告要求被告给付为其代付的赔偿款及从代付之日起至判决生效之日止按银行同期贷款利率给付利息。被告辩称该合同违反法律规定，是无效合同，没有法律依据。

一审法院认为，原、被告签订的是内部承包合同，该合同未违反法律法规强制性规定，合法有效，应受法律保护。《旅行社条例实施细则》属部门规章，法院不能依部门规章确认合同的效力，且该细则规定不准其他企业、团体或者个人承包，而本案被告是原告单位的职员，属内部承包，该合同并未违反该细则的规定，故被告反诉理由不能成立，该院不予支持。

二审法院认为，《旅行社条例实施细则》属部门规章，该规章不能作为人民法院认定合同无效的依据。上诉人提出的“双方当事人签订的衡阳市 ×× 旅行社营业网点承包协议，违反《旅行社条例实施细则》，应认定为无效”的上诉主张，于法无据。

5. 广西壮族自治区 ×× 旅行社桂林分社上诉邹 ×× 合同纠纷案

原告与被告签订了一份《广西 ×× 旅行社桂林分社经济责任目标管理合同书》，合同约定：原告自 2010 年 5 月 15 日起至 2015 年 3 月 17 日止负责经

营管理被告的会奖旅游部。

被告聘任原告在合同有效期内为会奖旅游部负责人，对该部门人员和业务以及规章制度等一切活动进行组织领导与实施规范管理，对该部门的一切活动负有组织领导和经济、法律责任。

被告向原告提供开展业务所需的办公经营场所；原告负责办公经营场所和办公场所的租金等所有营业费用，不得拖欠，如因拖欠和其他原因造成被告损失或承担其他责任的，被告有权追诉原告并处以相应损失的2倍罚款，罚款可以从原告服务质量保证金中扣罚。

一审法院认为，原、被告签订的《广西 ×× 旅行社桂林分社经济责任目标管理合同书》及补充条款规定，×× 旅行社聘任邹 ×× 为会奖旅游部负责人，邹 ×× 每年向 ×× 旅行社上缴固定的纯利润，没有违反法律、行政法规的禁止性规定。从责任书的内容来看是原告与被告达成目标责任制的承包协议书。人民法院确认合同的效力应当以全国人大及其常委会制定的法律和国务院制定的行政法规为依据，不得以地方性法规、行政规章为依据。

二审法院认为，上诉人与被上诉人签订的《广西 ×× 旅行社桂林分社经济责任目标管理合同书》及补充条款，是双方真实意思表示，双方应履行各自的义务。

6. 苏州 ×× 国旅与李 ×× 挂靠经营合同纠纷案

2009年2月15日，原告 ×× 国旅与被告李 ×× 签订《内部部门承包经营合同书》。合同约定原告将其内部 ×× 大厦营业部（后更名为 ×× 路营业部）交由被告承包经营，期限1年，被告每年上缴承包金1万元，原告不承担被告经营场所租赁费用、人员费用等开支，在经营中出现亏损及其他原因而未上缴经营指标金或经营期间出现债权债务、事故赔偿、经营合同违约赔偿、经济纠纷等必须由被告自己个人财产提供连带责任担保。2009年4月1日，原告 ×× 国旅与被告李 ×× 签订《全日制劳动合同书》一份。合同中对工作地点、工作时间和休息休假、具体劳动报酬等内容均未约定。经查，被告李 × 的社保个人编号为0261××44，单位即原告 ×× 国旅。

承包期间，×× 路营业部发生了国外客户使用信用卡伪冒卡进行诈骗交易的事件，导致原告被苏州 ×× 置业有限公司新地中心酒店起诉至法院。

法院认为，在劳动关系存续期间用人单位可与劳动者另行签订的企业内部承包经营合同。而企业内部承包经营合同是指企业将下属一个部门或分支机构，按照所有权和经营权相分离的原则，以承包经营合同形式，明确企业与承包人之间的权利义务关系，使承包人自主经营，自负盈亏的一种经营管理形式。在承包过程中，承包方享有完全的自主经营权，包括经营决策、人事安排、资金管理的使用；承包经营的盈亏也与企业无关，风险由承包方自行承担。原、被告之间的挂靠承包关系合法有效，承包合同约定由承包人承担承包经营期间的债权债务是双方协商一致的内容，且被告在经营场所撤销后亦承诺承担相应的债权债务。

7. 崔××与××国旅挂靠经营合同纠纷案

2008年3月31日，××国旅与戴××签订《合作经营协议书》，后××国旅与戴××在履行《合作经营协议书》过程中因交纳固定利润产生纠纷，诉至法院，一审判决后，××国旅与戴××不服，都提起上诉到北京市第×中级人民法院。2011年6月17日，北京市第×中级人民法院做出民事判决，认定《合作经营协议书》不具备共同出资、共同经营、共担风险的特性，所以其性质为承包合同而非联营合同。××国旅与戴××签订《合作经营协议书》的行为系以变相承包的方式非法转让经营权的行为，该行为扰乱了旅游市场秩序。

崔××与××国旅签订的《××国旅设立门市协议》，即是戴××在履行《合作经营协议书》期间，由其聘用的门市负责人曹××代表××国旅，与崔××签订的。

二审法院认为，崔××与××国旅签订《××国际旅行社设立门市协议》的行为系以变相承包、挂靠的方式非法转让经营权的行为，该行为扰乱了旅游市场秩序。

8. 湖北省××旅行社诉夏××承包经营合同纠纷案

原告湖北省××旅行社是从事国内、入境、出境旅游业务的旅行社，被告夏××于2006年进入原告处工作，被任命为原告××门市部负责人（经理），并逐年（自2006年起）签订年度《经营目标责任书》，其中2009年和2010年被告以××（别名）的名称分别与原告签订了《经营目标责任书》，均约定被告在遵守原告各项管理规定的前提下自主经营原告所属的××门市部，该门市部办理了工商部门颁发的非法人营业执照，被告被任命为门市部经理。被告在经营期间要严格执行原告的人事、财务、业务管理的各项规章制度，业务收入实行原告财务统一管理，被告应上缴当年目标利润65000元，对超额的利润按二八比例分配。《经营目标责任书》对经营期限、考核方法、双方的有关权利义务等也做出相应规定。2011 年 1 月份，原告在与被告协商离职交接手续未果的情况下自行离职，故双方未办理离职交接手续，包括未向原告付清应上缴的利润 119790 元。

法院认为，原告湖北省 ×× 旅行社与被告夏 ×× 同时存在劳动关系与内部承包经营关系，双方签订的《经营目标责任书》性质上符合内部责任制的承包，是双方在一段期间内对经营风险及盈利承担方式的一种约定，属双方的真实意思表示。《旅行社条例实施细则》第二十七条规定旅行社业务经营许可证不得转让、出租或出借，该条第二款第二项规定属于转让、出租或出借的情况为：准许其他企业、团体或者个人以部门或者个人承包、挂靠的形式经营旅行社业务的。而本案被告与原告之间存在劳动关系，属于内部经营管理关系，故不适用该细则的规定；另外，《最高人民法院关于适用〈中华人民共和国合同法〉若干问题的解释（一）》第四条明确规定，《合同法》实施后，人民法院认定合同无效时，应当以全国人大常委会制定的法律和国务院制定的行政法规为依据，不得以地方性法规、行政规章为依据。因此，也不能适用该细则。

9. 刘 ×× 上诉 ×× 国际旅行社特许经营合同纠纷案

×× 国际旅行社（甲方）与刘 ××（乙方）签订《协议书》，就乙方加盟到甲方经营旅游业务约定：乙方必须在甲方经营范围内采取自主经营、自负盈亏的经营管理形式，并承担在经营管理过程中出现的一切经济责任和法律风险。乙方的经营场所为西城区 ×××，办公设备和办公费用等由乙方自理。本协议签订期限为 5 年（自 2008 年 1 月 18 日至 2013 年 1 月 17 日止），乙方自签订协议之日起要一次性付清管理费每年 1 万元（此费用只包括乙方在经营过程中品牌的使用 ×× 国际旅行社 ×× 门市部或 ×× 营业部或 ×× 部门），不含其他费用。乙方有权依法自行招聘和录用业务人员，全部人员应根据《劳动法》等有关法律法规签订劳动合同并建立劳动关系，乙方必须依法为各类职工缴纳各种社会保险，保险在总社统一办理但费用由乙方承担。乙方对所有聘用人员必须签订劳动合同，用工费用由乙方承担。在职人员的材料必须向甲方人事部门备案，甲方将给备案在职人员配发工作证（要收取证件成本费和押金）。乙方有权按照人员的职务或岗位，确定本部门人员的工资，有权按照工作业绩确定本部门人员的奖金分配数额。人员的工资、奖金、津贴等均需进入工资总额，并按税务部门规定缴纳个人所得税。乙方的一切营业费用（包括人员工资、奖金、聘用人员的五险费用、旅游公务费、业务费等）和营业成本由乙方承担。乙方在经营过程中出现安全责任事故所导致的经济损失，或者因出现劳动争议、工伤和意外事故而使员工遭受人身伤害或财产损失，其一切责任和损失由乙方承担和赔偿。

一审法院认定，《协议书》是双方真实意思表示，内容并不违反法律、行政法规的强制性规定，合法有效。根据《协议书》的约定，刘 ×× 聘用人员的工资、奖金、五险费用等用工费用应由刘 ×× 承担，刘 ×× 对聘用人员必须签订劳动合同，因劳动争议引发的一切责任和损失由刘 ×× 承担和赔偿。

二审法院认为，《旅游法》于 2013 年 10 月 1 日起实施，涉案《协议书》签订于 2011 年 2 月 11 日，并于 2013 年 1 月 17 日履行期限届满，因此应当依据《协议书》签订当时及履行过程中的法律法规判断《协议书》的效力。2009 年 5 月 1 日起开始施行由国务院颁布的《旅行社条例》，该条例中规定旅行社可以设立专门招徕旅游者、提供旅游咨询的服务网点，但应当依法向工商行政管理部门办理设立登记手续，并向所在地的旅游行政管理部门备案，旅行社的服务网点应当接受旅行社的统一管理，不得从事招徕、咨询以外的活动。认定合同无效应当从合同内容是否违反法律、行政法规的强制性规定进行判断，而强制性规定又进一步细分为管理性规定和效力性规定，只有违反效力性规定的合同才是无效合同。

10. 深圳市 ×× 国际旅行社有限公司与杜 ×× 其他合同纠纷案

被告杜 ×× 系原告深圳市 ×× 国际旅行社公司的员工，双方于 2008 年起即签订了劳动合同，被告任原告的业务操作员。2009 年 3 月双方续签了劳动合同，约定被告任原告的部门负责人。2010 年 12 月，被告签订了 2011 年的《部门经营目标责任书》，承诺完成年度净利润总额 30 万元，公司同意年广告费用及合作景区广告支持费分摊，并支付报纸广告费 10 万元，行业杂志广告 8 万元，景区报纸广告 35 万元，景区行业杂志广告 12 万元；按部门 15 人标准，办公场租每月分摊费用 7737.86 元，物管水电费等根据当月实际发生额按部门场租占比进行分摊；年度考核期内如未达成利润指标 80% 以上，或按月度分解指标未完成利润指标连续三个月，公司可对部门负责人予以免职或调职处理，予以免职的按自动辞职处理。原告起诉被告，要求偿还在经营过程中原告代“省内部”垫付的款项及“省内部”尚欠的利润及逾期付款违约金。

一审认为，被告是原告下属不具备独立法人资格的省内部[①]负责人，由于省内部仅是原告的内设部门，并没有领取营业执照，也无独立经营权，故被告一切行为均是以原告公司的名义进行的职务行为；《旅行社管理条列实施细则》明确规定“旅行社不得以承包、挂靠或变相承包、挂靠方式非法转让经营权或部门经营权”，因此，原告和省内部之间是管理和被管理之间的关系，原、被告签订的经营责任书是企业内部经营管理的一种方式，由于省内部并无独立经营权，其债权债务同原告也很难划分清楚，原、被告双方不能建立法律上的承包关系。

二审法院认为，本案为合同纠纷。虽然被上诉人为上诉人的员工，但鉴于2011年被上诉人作为省内部目标责任人与上诉人签订的2012年度的《部门经营目标责任书》中载明“上诉人向省内部下达的年度经营目标，并约定借用资金部门负责人承担还款责任，部门违反法律法规或本目标的约定，致使上诉人品牌或形象或企业商誉受损或年度完不成月度的考核，连续达3个月以上的，上诉人有权给予部门负责人免职，完不成的差额部分由部门负责人补齐”，故双方之间已实际形成了平等主体之间的民事法律关系，上诉人的诉请，属于人民法院受理民事诉讼的范围，同意撤销一审裁定。

11. 朱××等与北京市××旅行社合同纠纷案

北京××旅行社（甲方）与朱××（乙方）签订《门市部目标经营合作协议书》(简称《协议书》)，约定：第一，门市部经营性质。甲乙双方共同组建北京市××旅行社有限公司连锁门市部。该连锁门市部均为非法人性质的独立核算部门，实行经理负责制和经营目标责任制。第二，门市部组织结构及管理。由甲方聘任朱××为该连锁门市部经理，并根据业务经营情况，对该部门下达经营指标和管理指标，按照门市“四统一”原则进行经营管理及财务管理。乙方负责连锁门市部的选点筹建、人员招聘、业务培训及日常管理等工作，完成甲方下达的经营指标和管理指标……第三，门市部的资金筹集及财务管理。门市部运营所需全部资金由乙方自筹。所有经营成本及费用由乙方自行负责，全部投资风险、债权债务由乙方自行承担。乙方往来账

① 按照市场划分，旅行社的主要业务部门可划分为国际部、国内部、出境部、散客部、省内部和省外部。省内部和省外部一般是中小型旅行社的内部设置，主要操作省内线路和报团的长线部分线路。

目及资金必须纳入甲方财务管理。对乙方的资金，甲方不得擅自使用和挪用。第四，甲乙双方的权利和义务。乙方在其经营范围内应严守信誉，不得以任何理由拖欠各合作单位款项，乙方发生的一切经济纠纷与甲方无关，甲方不承担任何经济赔偿责任。第五，门市部经营指标及质量保证金。连锁门市部经营利润指标第一年为 3.5 万元人民币 / 门市，以后按照 0.5 万元人民币 / 年 / 门市逐年递增，直至 5 万元人民币 / 年 / 门市标准。自本协议签字之日起至 2010 年 4 月 30 日止，乙方必须完成各项经营任务及经营利润指标 14 万元人民币（税后净利润指标），缴纳方法为按月；在本协议有效期内，乙方必须一次性缴纳质量保证金 12 万元人民币。如未发生重大质量及违规问题，待合同终止时，甲方将如数退还乙方。北京市 ×× 旅行社起诉称，朱 ×× 应向北京市 ×× 旅行社支付入账款 5830.59 元，并承担所有门市部费用、税金 83.56 万元，双方多次协商未能达成一致。

一审法院认为，《协议书》等合同文件，系双方真实意思表示，内容未违反法律、行政法规的效力性禁止性规定，合法有效。虽朱 ×× 与 ×× 旅行社之间存在劳动关系，但不影响双方建立其他类型合同关系，从《协议书》内容分析，其所约定的权利义务已明显超出《劳动法》规定的范畴，故应认定为承包经营性质合同。

二审法院维持原判。

12. ×× 市旅游局与谢 ×× 企业承包经营合同纠纷案

浙江省 ×× 市 ×× 旅行社（即协议中“×× 市 ×× 旅行社”）由原告 ×× 市旅游局独家投资设立，其营业执照载明经济性质系国有企业。被告谢 ×× 系浙江省 ×× 市 ×× 旅行社事业编制员工，根据原告 ×× 市旅游局文件，被任命为 ×× 市 ×× 旅行社总经理。

一审法院认为，×× 市旅游局与谢 ×× 于 2010 年 8 月 31 日签订的《协议书》并非平等民事主体之间订立的合同。该协议书约定的内容系一种单位内部经济责任制度，属于单位内部的经营管理制度。×× 市旅游局与谢 ×× 双方之间系单位对员工岗位责任的要求，系 ×× 市旅游局经营管理下属企业的经营管理方式，而并非 ×× 市旅游局主张的企业承包经营合同关系。

二审法院认为，从双方签订的《协议书》看，双方互负权利义务，且约定了被上诉人的工资总额与经济效益挂钩，超出经济指标的利润分配方式，承包期间的债权债务承担，违反协议的违约责任等，该些内容均应视为双方平等协商的结果，而不是上诉人单方对被上诉人的任务分配、考核与奖惩。双方当事人之间签订的《协议书》应属平等民事主体之间订立的合同，平等民事主体之间的纠纷属于人民法院主管范围。

13. 杜 ×× 与被上诉人深圳市 ×× 旅行社合同纠纷案

杜 ×× 原系深圳 ×× 旅行社的员工，双方于2008年起签订了劳动合同，杜 ×× 任 ×× 旅行社的业务操作员。2009年3月双方续签劳动合同，约定杜 ×× 任 ×× 旅行社的部门负责人。杜 ×× 作为 ×× 旅行社省内部的负责人与 ×× 旅行社签订了2011年、2012年《年度目标责任书》，对年度净利润、广告费用的分担、办公场租及物管水电费等的分摊、完成或未完成利润指标的奖惩等做出了详细约定。2012年度的年度目标责任书载明了深圳 ×× 旅行社向省内部下达的年度经营目标，并约定借用资金部门负责人承担还款责任；部门违反法律法规或本目标的约定，致使公司品牌或形象或企业商誉受损，或年度完不成月度的考核，连续达3个月以上的，公司有权给予部门负责人免职，完不成的差额部分由负责人补齐等。深圳 ×× 旅行社一直给杜 ×× 缴纳社会保险至2012年5月，后杜 ×× 离开深圳 ×× 旅行社。

一审法院认为，本案系承包经营合同纠纷。《旅游法》于2013年10月1日起施行，而本案涉及的是2011年和2012年的合同，故不适用于本案。《旅行社条例》第四十七条规定旅行社转让、出租、出借旅行社业务经营许可证由旅游行政管理部门予以处罚，该条款是管理性强制规定而非效力性强制规定。故深圳 ×× 旅行社与杜 ×× 签订的2011年、2012年的目标责任书系双方真实意思表示，内容不违反法律和行政法规的效力性强制规定，合法有效。责任书中约定的固定收益如系非法所得，应由旅游行政部门予以处理，不属于本案处理范畴。

二审法院认为，首先，《旅游法》于2013年10月1日起施行，本案《年度目标责任书》及《还款确认书》形成于该法律施行之前，故《旅游法》不适用于本案。其次，行政法规《旅行社条例》第四十七条规定“旅行社转让、出租、出借旅行社业务经营许可证的，由旅游行政管理部门责令停业整顿1~3个月，并没收违法所得；情节严重的，吊销旅行社业务经营许可证”，该规定属管理性规定而非效力性规定，且本案《年度目标责任书》与《还款确认书》中并未涉及上述规定中的“转让、出租、出借旅行社业务经营许可证”等内容。最后，《旅行社条例实施细则》属部门规章，该规章不能作为人民法院认定合同效力的依据。因此，杜 ×× 关于“《年度目标责任书》及《还款确认书》违法法律、行政法规的强制性规定而无效”的上诉理由，不能成立。

14. ×× 公司因与被上诉人谢 ×× 挂靠经营合同纠纷一案

2011 年 12 月 31 日，×× 公司（原 ×× 旅行社有限公司）与谢 ×× 签订《旅行社门市部经营协议》1 份，约定：×× 公司同意谢 ×× 从事 ××× 公司经营许可证范围内的经营项目，×× 公司自 2012 年 1 月 1 日起至 2012 年 12 月 31 日向谢 ×× 收取管理费 10000 元，谢 ×× 经营所得的一切团队及散客的利润归谢 ×× 所有；税收按所开具发票营业额的千分之八缴纳给 ×× 公司；中国农业银行平湖市支行 34×××80 的银行账号由谢 ×× 使用管理，该账户一切资金均为谢 ×× 自带的经营资金，资金收益均为谢 ×× 经营所得，×× 公司不得主张任何权利等内容。后谢 ×× 以 ×× 公司名义开展业务。2012 年 12 月 31 日，×× 公司出具收条 1 份，确认收到谢 ×× 移交的 ×× 公司的合同专用章、业务专用章等。

二审法院认为，谢 ×× 并非以 ×× 公司营业二部的名义对外签订合同，故 ×× 公司营业二部是否具有经营旅游业务的资质与本案不具有关联性；双方签订的《旅行社门市部经营协议》系当事人真实意思表示，未违反法律、行政法规的强制性规定，依法成立，×× 公司主张合同无效，没有依据。在合同期间内，谢 ×× 经 ×× 公司许可，以 ×× 公司名义经营旅游业务，根据约定，谢 ×× 的相关经营收入全部归其所有，×× 公司无权主张。

15. 苏州 ×× 旅行社与广西 ×× 国际旅行社有限责任公司、苏州 ×× 旅行社 ×× 分公司委托合同纠纷

苏州 ×× 旅行社 ×× 分公司作为甲方、案外人杨 ×× 作为乙方于 2013 年签订《年度经营目标考核协议书》。该协议约定：甲方对乙方在总部用工的劳动关系签订劳动合同，乙方将身份证复印件交付甲方，由甲方行政部审核保存。甲方向乙方提供一间大房间、一间小房间外加大厅内办公桌两张，两间房间总费用 4000 元 / 月，两张办公桌费用为 1000 元 / 月。甲方向乙方提供合同，每份合同收费 2 元。甲方提供电话，电话费由乙方承担。甲方向乙方收取 2 万元 / 年的管理费，并收取 5 万元质量保证金，于合同签订之日收取 3 万元，余下 2 万元于 2014 年 4 月底付清。甲方为乙方提供发票开具条件，甲方按照开票金额收取服务费。乙方在协议生效后开展业务活动期间，有权以甲方名义进行营销；甲方在乙方规范操作过程中不得无缘故收回乙方的经

营资格。甲方的国内部和出境部业务专用章由乙方重点使用，如甲方不在时由乙方保管，业务专用章只能用于业务方面的确认，在其他方面使用一律无效。乙方应保证营业收入及时足额进入甲方账户，如乙方用于支付交通费用和地接社相关费用，甲方必须及时汇至乙方账上。乙方办公地点和营业地点必须在甲方指定的地方进行，乙方不许在甲方指定地点之外以甲方名称进行营业。乙方以甲方的名义进行招商工作。协议期为两年。2014 年 5 月 27 日，案外人杨 ×× 出具一份《欠团款》记载，今欠广西商务旅行社团款人民币 171,142 元，于 2014 年 6 月 8 日前还清，并加盖“苏州 ×× 旅行社 ×× 分公司国内部业务专用章”，后杨 ×× 支付 381,142 元，余款未付。为此，广西 ×× 国际旅行社提起诉讼，请求判令苏州 ×× 旅行社及其 ×× 分公司共同给付广西 ×× 旅行社团款 9 万元。

一审法院认为，杨 ×× 向苏州 ×× 旅行社 ×× 分公司缴纳管理费、保证金及其他相关费用，苏州 ×× 旅行社 ×× 分公司向其提供办公经营的条件、场所、合同、发票及业务专用章，允许其使用公司名义进行营销、招商，双方之间构成了承包经营合同关系。

二审法院认为，苏州 ×× 旅行社 ×× 分公司向杨 ×× 提供经营资格、办公场所、合同、发票及业务专用章，允许其使用该公司名义进行营销、招商；杨 ×× 向苏州 ×× 旅行社 ×× 分公司缴纳管理费、运营费、保证金及其他相关费用，双方之间形成了承包经营合同关系，即杨 ×× 作为承包人在协议有效期内有权以苏州 ×× 旅行社 ×× 分公司的名义对外开展经营活动，招徕游客并委托地接社安排接待等。

### （二）行政裁判汇总

1. ×× 市旅游局与广东 ××（汕头）旅行社有限公司行政处罚行政执行案

申请人 ×× 市旅游局对非法转让旅行社业务经营许可行为的广东 ××（汕头）旅行社有限公司做出停业整顿 2 个月，罚款人民币 8 万元的行政处罚决定。

法院认为，被申请人广东 ××（汕头）旅行社有限公司与侯 ×× 签订《承包经营协议书》，同意侯 ×× 以广东 ××（汕头）旅行社有限公司名义对外进行旅游经营活动，被申请人广东 ××（汕头）旅行社有限公司非法转让旅行社业务经营许可的行为，违反了《旅游法》《旅行社条例》及《旅行社条例实施细则》的相关规定。

2. ×× 市旅游局与侯 ×× 行政处罚行政执行案

申请人 ×× 市旅游局对非法承包旅游业务的侯 ×× 做出罚款人民币 1.4 万元的行政处罚决定。

法院认为，被申请人侯 ×× 与广东 ××（汕头）旅行社有限公司签订了《承包经营协议书》，广东 ××（汕头）旅行社有限公司同意侯 ×× 以广东 ××（汕头）旅行社有限公司名义对外进行旅游经营活动，被申请人侯 ×× 非法承包旅游业务的行为违反了《旅游法》《旅行社条例》及《旅行社条例实施细则》的相关规定。

3. 湖北 ×× 国际旅行社与 ×× 市旅游局行政处罚案

2013 年 12 月 3 日，游客向 ×× 市人民政府市长专线反映其在出境旅游时与导游发生纠纷而被集体滞留于境外。2013 年 12 月 4 日，被告 ×× 市旅游局予以受案处理。经调查，2013 年 11 月 29 日，原告 ×× 国际旅行社出境部负责人刘 ×× 受海外 ×× 旅行社武汉分公司员工秦 ×× 委托，以原告 ×× 国际旅行社的名义向被告所在市旅游局报送《中国公民出国旅游团队名单表》，并提供了盖有该公司公章的出境旅游合同，但实际组团旅行社是海外 ×× 旅行社 ×× 分公司。被告所在市旅游局决定给予其：处责令改正，并处人民币 1 万元罚款；责令停业整顿一个月；对直接负责的主管人员周 ××、刘 ×× 各处人民币 2000 元罚款的行政处罚。

一审法院认为，原告 ×× 国际旅行社不是本案旅游团的组团社，却为海外 ×× 旅行社出具名单表，并提供旅游合同、领队人员证件等相关资料交由海外 ×× 旅行社向旅游主管部门报送审核出境，该行为构成上述规定的“以其他形式非法转让旅行社经营许可的行为”。

二审法院认为，对 ×× 国际旅行社做出责令改正，罚款 1 万元；责令停业整顿一个月的行政处罚决定，认定事实清楚，证据确凿，适用法律正确，处罚适当。

上文共摘取了 18 个案例，时间跨度自 2009 年到 2015 年，地区覆盖北京、上海、广州、桂林、武汉、汕头、嘉兴、苏州、绍兴、深圳、衡阳、昆明 12 个城市，横跨了《旅行社管理条例》及其细则的废改和《旅行社条例》《旅游法》的颁布两个重要时期，因此，都比较有代表性。梳理归纳上述裁判，观点比较鲜明的裁判要点如下：

第一，民事判决肯定旅行社“企业内部承包合同”的合法性。相对比较一致的判断要点就是“若旅行社与承包人存在劳动关系，则属于内部经营管理关系”，但在界定“企业内部承包经营合同”和“承包挂靠经营合同”上存在概念混用的问题。比如有的法院认为，企业内部承包经营合同是指企业将下属一个部门或分支机构，按照所有权和经营权相分离的原则，以承包经营合同形式，明确企业与承包人之间的权利义务关系，使承包人自主经营，自负盈亏的一种经营管理形式；还有的法院认为，承包人在协议有效期内有权以旅行社的名义对外开展经营活动，招徕游客并委托地接社安排接待等活动，双方之间形成了承包经营合同关系。这些裁判词，在区分“内部承包”和“挂靠承包”是否同一关系、合法与非法的临界点上缺乏很强的区分度，导致一种默认“挂靠承包”是“内部承包”的导向，没有形成相对统一的事实认定裁判规则。

第二，民事判决依据“不能适用部门制定的实施细则”，承包协议并未涉及“转让、出租、出借旅行社业务经营许可证”，以及“内部经营管理关系”等观点，实际上排除了适用行政法规的可能。这些裁判过于注重从形式上审查“挂靠承包”的合法性，没有排除当事人通过逃避这些形式规则进行实质审查，毕竟赤裸裸在协议书中载明“出租出借转让许可证”不如“目标责任书”来得更“理性”。虽然有法院发现了涉嫌违法的可能，但认为承包双方约定的固定收益如系非法所得，应由旅游行政部门予以处理，不属于民事判决处理范畴。问题是没有像其他判决那样，发现可能违法，向旅游部门发出司法建议进行行政处罚，如卫计委收到人民法院司法建议书，某门诊部将《医疗机构执业许可证》变相出让给口腔科医师黄某使用，建议卫生计生委对该门诊部和黄某规避我国行政法规禁止性规定的行为以及进行非法活动的财物和非法所得予以处罚和收缴（参见《中国卫生监督杂志》2016 年 1 期）。

第三，民事判决认为，《旅游法》《旅行社条例》以及《旅行社条例实施细则》规定的“不得出租、出借或者以其他非法方式转让许可证”“不得从事招徕、咨询以外的活动”属管理性规定而非效力性规定。对于效力性规定的判断标准问题，有法院认为，首先的判断标准是该强制性规定是否明确规定了违反的后果是合同无效，如果规定了违反的后果是导致合同无效，则该规定属于效力性强制性规定；其次，法律法规虽然没有规定违反将导致合同无效的，但违反该规定如果合同继续有效将损害国家利益和社会公共利益的，也应当认定该规定是效力性强制性规定。笔者认为，“不得从事招徕、咨询以外的旅行社业务经营活动”以及《旅行社条例实施细则》规定的“准许非本企业＋以自己名义经营”“准许非本企业＋承包挂靠”两个认定标准、人财招徕接待“四统一”等规定，是旅游主管部门对具体执行法律的解释，它的作用不能也不在于作为判断合同效力的依据，而在于要求旅行社对分社和服务网点承担管理责任，在于判断和打击借“挂靠承包”名义“出租、出借、转让许可证”的行为。因此，在具体执法中具有合法性。

第四，行政裁定认为，旅行社同意他人以自己的名义对外进行旅游经营活动，分别属于“旅行社非法转让旅行社业务经营许可”和“个人非法承包旅游业务”的行为，违反了《旅游法》《旅行社条例》及《旅行社条例实施细则》的相关规定。这个认定标准比较符合我们的通常认识，也符合惯常的执法实践。需要注意的是，司法裁定认定，借用人、承租人、受让人持其借用的、承租的、受让的许可证从事经营活动，视为没有许可证，应当按照无证经营处理。

## 三、执法中要注意的要点和把握的规律

简要来说，这些裁判呈现出以下几个特点和规律：

第一，虽然民事判决的案由不同，包括“挂靠经营合同纠纷、承包经营合同纠纷、内部承包合同纠纷、合同纠纷、其他合同纠纷、特许经营合同纠纷、追偿权纠纷、债权纠纷”以及“行政处罚行政执行”9类，但实际要求解决的还是因合同履行产生的债权债务问题。

第二，民事判决关于旅行社“挂靠承包”的论据相对多样，行政裁定认定“出租、出借、转让许可证”相对一致，因“挂靠承包”纠纷引发的民事诉讼非常多，行政诉讼案件相对较少，但也从侧面反映了“挂靠承包”在市场上的普遍与盛行。上文中的案例虽然结论大多一致，但在关于“什么是内部承包”以及“是否需要先认定内部承包再排除适用行政规定”等方面，没有形成相对统一的司法意见，也显然没有达到工程领域的司法解释的高度。

第三，一边倒地“支持肯定”旅行社“挂靠承包”的论点缺乏事实认定。民事诉讼关注的是旅行社“挂靠承包”是“内部承包合同”（企业内部承包合

同）还是劳动争议，侧重解决的是诉讼“是否属于人民法院受理范围”以及“是否平等主体之间的合同纠纷”。比较明显的一点是：很多民事判决在没有论证“内部责任书（企业内部承包）”与“出租、出借、以其他非法方式转让旅行社经营许可”之间事实关系的前提下，在新的《旅行社条例》和《旅游法》已经否定“出租出借或以其他非法方式转让许可”合法性的基础上，更多的是从（旅游法）法律溯及力、（实施细则）法律位阶等技术性、程序性角度，认定“内部责任书”没有违反行政法规的强制性规定，事实上的结果可能会造成大量的旅行社“挂靠承包”行为游离于行政管理之外。

第四，民事判决和行政判决在“挂靠承包”问题上缺乏协调互通性。虽然我国不是判例法国家，但是先例在审理旅行社“挂靠承包”案件中具有重要的参考作用，先前判决的几个案例一定程度上主导并延续了司法部门对“挂靠承包”的认定。比如，《旅行社条例》生效之前，一份生效判决认定“协议书是双方的真实意思表示，并未违反国家有关法律法规的强制性规定”“《旅行社管理条例》并没有赋予国家旅游局解释权，对于国家旅游局所做出的上述解释，不能作为本案判决的法律依据”“认定合同无效，应当以全国人大及常委会制定的法律和国务院制定的行政法规为依据，不得以地方性法规、行政规章为依据，不能适用《旅行社管理条例实施细则》的规定”以及“《旅行社管理条例》并没有对旅行社是否能以承包或变相承包方式转让经营权或部分经营权做出禁止性规定，对于哪个机关拥有对《条例》的解释权，也没有做出明确的规定”等裁判要点，即使在《旅行社管理条例》废除之后，依然屡屡被法院援引。而行政诉讼关注的认定“出租、出借旅行社业务许可证”的具体行政行为“是否事实清楚、证据充分、程序合法、法律适用正确”，凸显出民事诉讼和行政诉讼在“挂靠承包”这一基本事实认定上缺乏协调、相互脱节的一面。

第五，“承包挂靠”作为“违法行为”的判例指引更加值得审慎关注。比较少但是非常重要的民事判例认为，协议书不具备共同出资、共同经营、共担风险的特性，所以其性质为承包合同而非联营合同；有工程民事判例认为，被挂靠方只是配合对方承接工程，收取管理费，而不承担工程施工管理，不承担技术、质量、民事责任，双方所形成的法律关系是挂靠经营法律关系，不是承包经营关系。还有行政裁定认为，签订协议书的行为系“以变相承包的方式非法转让经营权”的行为，扰乱了旅游市场秩序。这种判例虽然比较少，但“先认定事实、判断经营性质，再适用法律”的逻辑推理更值得司法人员和执法人员尊重和深思。

综上，笔者认为：首先，“出租出借以其他形式非法转让许可”行政处罚出租方和受让方都是有法律依据和行政裁判先例可循的。行政执法关键点就是固定和排除旅行社签订承包协议这一行为，能否认定为“出租出借转让许可证”。执法需要在正确认定旅行社“挂靠承包”违法事实和排除“内部承包”可能的基础上，才能准确使用法律规范，遵循法定程序，对当事人实施处罚。其次，有必要就“出租出借转让许可证”与“内部承包”的事实认定、法律关系进行行政执法与司法审判的衔接。法院可以就审判中发现的涉嫌违法问题、规范执法问题，及时向执法部门发出司法建议，及时了解行政执法的工作思路和实践中遇到的问题和困惑。最后，可以考虑出台针对旅行社“挂靠承包”的司法解释、行政解释，提高认定、处罚的效率，适时给予指导和帮助，以个案促进规范化行政。

# 新《广告法》对旅游行业的影响

［摘要］十二届全国人大常委会于2015年4月24日修订通过的《广告法》已于9月1日起施行。新《广告法》因修改幅度大（新增33条，删除3条，修改37条，原文保留仅8条）、涉及行业面广（有名广告涵盖17类）、处罚力度强（罚款金额大、处罚种类多），引起各行各界广泛关注。那么，被称为“史上最严”的新《广告法》对旅游行业和行政执法有什么影响？本文结合新旧广告法条款对比，对《广告法》涉及旅游行业的相关行为做出分析，与业界同人一同探讨。

## 一、极限用语的细微变化，体现打造公平竞争环境

8月31日，微信圈盛传“9月1日起，《广告法》修正后的最大改变，就是极限用语的处罚从原来的退一罚三，变为罚款20万元起”“注意！9月1号起，广告中再使用这些词将被罚20万元”，这一方面反映了极限用语在广告宣传中的普遍性，另一方面也反映了社会各界尤其是广告业的恐慌情绪。事实上，这些论断存在臆测甚至误读法律的问题。

第一，新旧《广告法》都明确禁止国家级、最高级、最佳等绝对化用语。原国家工商局在《关于“极品”两字在广告语中是否属于“最高级”“最佳”等用语问题的答复》（工商广字〔1997〕第207号）中提出“与上述用语含义相同，属于绝对化用语”，可见《广告法》修订只是对该解释的认可和重申。其意一方面表明广告不得使用的用语包括但不限于国家级、最高级、最佳，与上述含义相同的都可认定是绝对化用语；另一方面杜绝广告打“擦边球”的可能，防止机械化理解“绝对化用语只包括这三个词汇”的倾向。

第二，新旧《广告法》都明确规定使用绝对化用语的行政法律责任，不存在原来只“退一罚三”的问题。新旧《广告法》对违反绝对化用语，设定

“停止发布、公开更正，没收广告费，罚款，停止其广告业务和依法追究刑事责任”5种行政责任，不同之处是由原“处广告费用一倍以上五倍以下的罚款”加重为“处20万元以上100万元以下的罚款”，处罚种类增加“吊销营业执照”以及“吊销广告发布登记证件”。

旅游经营注意事项：第一，发布旅游广告应当真实、客观地介绍产品和服务，可以使用一般性描述产品和服务情况的用语。第二，发布旅游广告不得含有虚假内容，避免使用语意不清、内涵外延不明的绝对化用语。

行政执法应注意要点：第一，旅游广告是宣传促销的手段和获取信息的渠道，必然会使用描述产品和服务情况的文字，不可机械化、简单化、扩大化认定绝对化用语。比如，有司法判决认定“上品饮茶，极品饮花”不构成虚假宣传，就值得执法部门研究。第二，法律禁止的是对旅游产品质量、线路价格或服务效果的绝对化用语，宣传表达人们对美好健康生活以及更好出游服务体验追求的用语，不应认定是违法。比如，宣传“游客至上，至诚服务”以及“游客最大、你游我服”，就是一种美好追求。

## 二、新旧《广告法》适用范围和定义的不同之处

在以往的认识中，广告一般是指商品经营者或者服务提供者“承担费用”的商业广告活动，从而把“免费、无偿”的广告行为排除在《广告法》调整范围之外。其立意是：商业广告是有偿行为，费用必须由商品经营者或者服务提供者承担。而按照新《广告法》第二条第一款的规定，商业广告的定性不以是否支付“费用”为条件，广告活动不再因未支出费用而免受法律制约。这种差异体现了新《广告法》对自媒体广告、免费广告以及利用互联网从事广告活动的认可，旅游质监执法实践和旅游经营应注意这种差异可能带来的影响。

商业广告活动有两个显著特征：第一，广告特指商业广告，而不是非营利性广告。体现在主体上表现为商品经营者或者服务提供者，对象分别是推销的商品或者服务，目的是介绍自己所推销的商品或者所提供的服务，方式包括自己直接介绍和间接通过别人介绍两种。第二，广告必须通过一定的媒介或者形式来介绍，因此《广告法》设定了4位责任主体：广告主、广告经营者、广告发布者和广告代言人。

旅游执法和旅游经营应注意事项：第一，新《广告法》既突出了商业广

告活动，又将免费广告、互联网广告和公益广告纳入调整范围，实质上扩大了新《广告法》的适用范围。第二，要扭转“自行印刷产品宣传册（页）、利用互联网推送旅游产品线路等广告宣传不属于《广告法》治理范围”的错误认识，确保旅游广告行为符合法律规定。第三，要避免以公益广告名义在中小学校、幼儿园内开展商业广告活动，以及利用中小学生和幼儿发布或者变相发布旅游广告的行为。

## 三、完善广告代言人法律责任，扩大广告监管范围

需要说明的是，代言人并不是新《广告法》的独创和首创。旧《广告法》第三十八条明确规定了社会团体或者其他组织代言虚假广告应当依法承担连带责任。当然，鉴于越发严重的广告代言乱象，使自然人——广告代言人（明星、名人）承担与影响消费者相匹配的责任成为立法的重要方向。广告代言人代言广告的基本规定包括：

第一，代言广告应当依据事实代言，不得为未使用过的商品和服务代言。这意味着代言人不能对未接受过、未参加过、未体验过的旅游服务做推荐、证明。

第二，不得利用不满 10 岁的未成年人做广告代言人。比如，途牛旅游撤下原有童星 Kimi 的广告就是自觉调整广告宣传战略的做法。

第三，广告代言人涉及虚假广告一旦被认定，3 年内禁止代言广告，加重了代言虚假广告的法律责任。

第四，明确规定广告代言人与广告主承担连带责任。具体包括两种情形：一是关系消费者生命健康的旅游服务的虚假广告，造成消费者损害的（无过错）；二是“明知或者应知”广告虚假仍做推荐、证明，造成消费者损害的。

旅游经营应注意事项：聘请代言人代言旅游广告，不仅要求名人（星）遵守各项限制性规定，还包括专家和典型消费者等代言行为。原因是专家要为其专业性代言担责，典型消费者应为其曾经消费过的经历担责。

## 四、增加了对互联网广告活动的规定，依法治网在加速

根据艾瑞咨询数据显示，2014 年，我国互联网广告市场达 1540 亿元，互

联网广告市场已超越电视广告和报纸广告。其中，百度广告营收超过 490 亿元，超过全国报纸广告收入之和；淘宝广告营收超过 375 亿元；腾讯广告收入超过 80 亿元。互联网广告显示出了其他传统媒体无法比拟的优势。

需要注意的是，虚假广告、侵害消费者权益的现象并没有因为互联网的“透明公开”而禁止。相反，由于互联网广告长期以来无法可依的状况以及速度快、传播效应广的特点，一旦出现违法行为，其对广告业发展的破坏力度会更强。因此，新《广告法》用 6 个条款规定互联网广告。主要的 4 条规定包括：

第一，概括性规定利用互联网从事广告活动适用《广告法》。这表明互联网广告不能以自己只是平台、不收费等理由逃避自身责任。

第二，利用互联网发布、发送广告，不得影响用户使用网络。这主要是解决广告“喧宾夺主”甚至导致用户无法使用网络的问题。立法本意是维护消费者权益，即消费者在浏览旅游广告时享有人身、财产安全不受损害的权利。

第三，网络交易平台有及时制止网络违法广告的法律义务，即应受“明知或者应知”约束。立法本意是维护消费者自主选择权，消费者有权自主决定是否接受广告服务。

第四，未经当事人同意或请求，不得向其发送广告；发送广告的，应当明示发送者的真实身份和联系方式，并向接收者提供拒绝继续接收的方式。其法律要义是：确保消费者能知悉其购买的旅游产品和服务的真实情况，能辨别旅游广告性质。

旅游经营者应注意事项：国家工商总局于 2015 年 7 月 1 日发布了《互联网广告监督管理暂行办法（征求意见稿）》，目的是细化互联网广告监管和提高新《广告法》的可操作性。其动向表明，互联网广告是规范网络交易平台的重要内容，针对网络交易的关键环节出台单项规定会成为立法的重要方向，旅游经营者应预先进行适应性调整和预判。

## 五、惩罚力度加大，较以往规定更加宽严适度

按照行政处罚法的规定，行政处罚必须与违法行为的事实、性质、情节以及社会危害程度相当。新《广告法》行政处罚的主要规定包括：

第一，设定宽严适度的法律责任。比如在虚假广告的处罚幅度上，由“广告费用1倍以上5倍以下的罚款”提高到“广告费用3倍以上5倍以下的罚款”；在广告费用认定上，增补了“广告费用无法计算或者明显偏低的，处20万元以上100万元以下的罚款”；在累犯问题上，规定“2年内有3次以上违法行为或者有其他严重情节的”，设定可追责的罚则，提高处罚虚假广告的力度，增加了违法经营的成本。

第二，增加行政处罚的种类。一是对公司高管任职增加行为处罚，规定“被吊销营业执照的公司、企业的法定代表人负有个人责任的，3年内不得担任公司、企业的董事、监事、高级管理人员”。二是增加申诫罚，规定“广告违法行为信息要记入信用档案”，即对违反《广告法》规定的行为人处以名誉、声誉处罚。

第三，对执法人员和行政相对人分别设定行政处分和治安管理处罚。对不依法查处违法广告行为的工商执法人员，可以给予警告、记过、记大过、降级、撤职、开除的行政处分；对拒绝、阻挠工商行政管理部门监督检查的行政相对人，由公安机关给予治安管理处罚。

## 六、举证责任分配发生变化，工商执法措施更加强化

“提出主张的一方有义务搜集或提供证据，并有使用该证据证明案件事实成立或有利于自己的主张的责任”，这就是所谓的举证责任。《行政处罚法》第三十条规定：“公民、法人或者其他组织违反行政管理秩序的行为，依法应当给予行政处罚的，行政机关必须查明事实；违法事实不清的，不得给予行政处罚。”《行政诉讼法》第三十四条规定：“被告对作出的行政行为负有举证责任，应当提供作出该行政行为的证据和所依据的规范性文件。”其法律要义是：行政处罚案件的举证责任在行政机关，事实不清不得给予行政处罚；不提供或者无正当理由逾期提供证据，视为处罚违法。最重要的是，对被诉行政行为的合法性由行政机关承担举证责任，公民、法人或者其他组织即使无法证明执法行为违法，也不承担不利后果，这与其他诉讼活动的“谁主张、谁举证”的举证责任分担原则有显著差别。

“谁主张，谁举证”存在特殊情形：第一，旅游经营者要对有利于自己的积极事实提供证据。比如，旅游经营者认为应当依法从轻或者减轻行政处

罚以及违法行为轻微并及时纠正、没有造成危害后果的，应当提供相关证据。第二，要求涉嫌违法当事人限期提供有关证明文件。新《广告法》第四十九条规定“可以要求涉嫌违法当事人限期提供有关证明文件”，突破了“行政处罚由行政机关负举证责任”的原则，对解决长期以来存在的取证难、执法难以及拒绝、阻挠监督检查的问题将产生重大作用。第三，涉嫌违法当事人拒不提供在诉讼程序中依法应当提供的证据，人民法院一般不予采纳，即承担不利后果。

行政执法应注意要点：第一，必须有明确的法律授权，要求限期提供证明文件的执法主体是工商行政管理部门，事项是履行广告监督管理职责，其他部门没有法律授权不能要求旅游经营者承担证明责任。第二，必须程序合法。行政机关应当向行政相对人说明其应负的举证责任，并对行政相对人告知具体要求。第三，责任有严格限制。除法律明确规定行政相对人拒绝、阻挠监督检查承担治安管理责任以及对应当提供而拒不提供证据的不利规则外，行政相对人不能证明自己的行为合法或者不能证明被诉行政行为违法，不必然推定行政相对人行为违法或行政行为是合法的，依法查明违法事实的责任依然在行政机关。

## 七、广告监管职责由单部门向多部门综合监管转变

在新《广告法》颁布实施以前，一些地区在查处虚假广告乃至虚假宣传时，多按照旧《广告法》第六条“县级以上人民政府工商行政管理部门是广告监督管理机关”以及《旅行社条例》第五十三条“旅行社向旅游者提供的旅游服务信息含有虚假内容或者做虚假宣传的，由工商行政管理部门依法给予处罚”的规定，认定查处虚假宣传、虚假广告应由工商部门负责。这种理解在《旅游法》和新《广告法》颁布实施以后需要重新定位：第一，新《广告法》第六条规定“国务院工商行政管理部门主管全国的广告监督管理工作，国务院有关部门在各自的职责范围内负责广告管理相关工作”，改变了旧《广告法》对广告监管的单一监管主体的规定，包括旅游部门在内的有关部门可以且应当在各自的职责范围内承担广告管理相关工作。第二，《旅游法》第九十七条明确规定“进行虚假宣传，误导旅游者的，由旅游主管部门或者有关部门责令改正”，这表明包括虚假广告在内的虚假宣传，旅游部门可以而且

应当予以处罚。第三，旅游部门在监管旅游广告、旅游宣传上有“玩忽职守、滥用职权、徇私舞弊”的，依法给予处理。陕西咸阳“5·15”特别重大道路交通事故追究旅游执法人员的责任，说明在虚假广告、虚假宣传监管上，旅游部门没有选择的权力，不能一概认为没有法定职责而置之不理。

行政执法应注意要点：第一，应当向社会公开受理投诉、举报的电话、信箱或者电子邮件地址，接到投诉、举报的部门应当予以处理并告知投诉、举报人。第二，对举报不依法履行职责的，接到举报的机关应当依法做出处理，并将处理结果及时告知举报人。

# 第三编

## 旅游投诉举报的特点、风险和措施

**[导语]** 旅游投诉举报是游客最关心的事之一，受理投诉举报是旅游部门的重要职责，关系到旅游者合法权益的保障和市场秩序的有效维护。据统计，我国现有住宿和餐饮法人企业4.5万家左右，其中住宿业1.9万家（其星级饭店1.16万家），旅行社2.79万家，景区（点）3万多个（其中A级景区10340个），签订劳动合同的导游人数十多万人，共同形成了我国巨大的旅游供给市场，诱发投诉举报的因素、环节特别多，投诉举报难点比较多。把小事办好、把小事当作一件大事来办，并不是一件简单容易的事情。在法律关系上，执法机关基于法律和职责，向投诉人作出不予受理、不予答复、作出处理、时限超时等，而在投诉举报人之间发生行政法律关系。同时，投诉举报诉求往往实体问题与程序问题相纠缠，两者既有区别也有相互转化的可能，因投诉举报处理引发的来信来访、信息公开、行政复议和诉讼愈发成为常态。因此，部门法律设定职责、具有利害关系等要素的判定，以及小到旅游投诉举报制度具体规定的认识和理解，大到人文责任意识的担当，都有必要去仔细斟酌。尤其是对焦点问题的分析、法律条款的理解与适用、证据规则的运用等，都需要一线执法人员和从业者去理解其中的依据和法理。

# 正确理解旅游投诉与旅游举报的关系

［**摘要**］受理旅游投诉与旅游举报是《旅游法》赋予各级旅游主管部门和旅游投诉受理机构的一项重要职责，也是旅游主管部门和旅游投诉受理机构行使旅游监督检查职能的重要方式，在保障旅游者合法权益和维护旅游市场秩序方面发挥了重要作用。《旅游法》和《旅游行政处罚办法》首次在旅游法律法规中采取并列式区分了旅游“举报”和“投诉”，区分了旅游举报和旅游投诉两种情况，这样区分主要是更加明确旅游主管部门和旅游投诉受理机构（旅游质监执法机构）在处理举报投诉时的不同职责。但实践工作中，存在对旅游投诉与旅游举报关系认识不清的情况，以至于将两者认同为一体，不利于旅游监管和旅游执法工作的开展。如何正确认识、理解两者的作用和特点、把握其关系，对我们开展旅游举报和投诉工作具有重要的实践意义。

## 一、旅游举报与旅游投诉的主要区别

### （一）法律主体不同

投诉人通常是违法行为的被侵权人或其法定代理人，与投诉的处理结果有直接的利害关系。旅游者认为旅游经营者和从业人员侵犯其合法权益的，有权向旅游主管部门和旅游投诉受理机构投诉。举报人一般不是违法行为的被侵权人或其法定代理人，与举报案件处理结果无直接利害关系。任何组织或者个人对违反旅游法律、法规或者规章的行为，都有权向旅游行政部门举报。

### （二）主要目的不同

投诉人主要目的是维护自身被违法或违反合同行为侵犯的合法权益；而

举报人的目的，主要是维护旅游市场秩序和公平合法竞争，保护国家和社会公共利益以及他人的合法权益。

### （三）受理方式不同

对于旅游举报，只要举报人提供了被举报人的名称、地址、违法事实和必要的证据与材料，又属于旅游部门管辖职能的，就可受理；而对于投诉，除了上述举报内容外，投诉人应与投诉事项有直接利害关系，有明确的被投诉人，具体的投诉请求、事实和理由。

### （四）处理方法不同

对于举报的处理，要在查清事实并做出相应处理或移交有关部门处理后，将处理情况告知举报人；而对于投诉的处理，除了对相关案件线索依法进行处理外，还应注意维护投诉人被损害的合法权益，即采取调解等手段促使投诉人与被投诉人相互谅解、达成协议。对实名投诉、举报不予立案或者撤销立案的，应当告知投诉人、举报人，并说明理由。

### （五）适用依据不同

除《旅游法》和《旅游行政处罚办法》对旅游投诉和旅游举报都有规定外，旅游举报并无法律法规做出专门规定，而旅游投诉还有专门的《旅游投诉处理办法》予以规范。

### （六）保密要求不同

对于举报内容，办案人员要严加保密；对于投诉内容，由于涉及投诉人本人，保密主要体现在投诉人个人信息不得被滥用，完全保密难以调查取证，所以保密性要求相对较低。

### （七）责任体系不同

旅游举报的主要诉求在于追究旅游违法违规经营者的行政责任，而旅游投诉包含了行政责任，即发现被投诉人或从业人员有违法违规行为的应该立案查处以及给予行政处罚，但主要在于解决双方发生的民事争议，明确民事责任。

上述区别表明，对于旅游举报和旅游投诉，各级旅游主管部门既有法定责任也有法定权限，应当及时予以受理和处理。但根据旅游投诉和旅游举报的性质不同，旅游主管部门和旅游投诉受理机构在处理具体案件中适用的法律依据也各有不同。尤其是对于旅游者请求处理民事争议的旅游投诉，我们必须慎重对待，于此产生的法律效果也需要认真研究并加以重视。

## 二、处理旅游投诉和旅游举报的具体途径

由于旅游举报着眼于追究违法行为的行政责任，而旅游投诉注重于追究违法或违反合同行为的民事责任，兼带对投诉中反映的违法行为追究行政责任，不同的责任追究决定不同的处理方法和结果，具体办案部门和办案人员需要区分不同情形予以处理。一般来说，主要包括行政处罚、行政调解和责令先行垫付、使用旅行社的质量保证金等途径。

### （一）行政处罚

对旅游举报以及投诉中发现的违法行为，旅游主管部门应当依据职责依法予以处理，查证属实的应依据旅游法律法规进行行政处罚。行政处罚的内容相当丰富，包括未经许可经营旅行社业务；出租、出借旅行社业务经营许可证，或者以其他方式非法转让旅行社业务经营许可；未按照规定为出境或者入境团队旅游安排领队或者导游全程陪同；安排未取得导游证或者领队证的人员提供导游或者领队服务；未向临时聘用的导游支付导游服务费用；要求导游垫付或者向导游收取费用，进行虚假宣传，误导旅游者；向不合格的供应商订购产品和服务；未按照规定投保旅行社责任保险；擅自变更旅游行程安排，严重损害旅游者权益；拒绝履行合同；未征得旅游者书面同意，委托其他旅行社履行包价旅游合同；安排旅游者参观或者参与违反我国法律、法规和社会公德的项目或者活动；未取得导游证或者领队证从事导游、领队活动等。违反上述情形之一，可视情节严重程度采取责令改正，没收违法所得，责令停业整顿，罚款，吊销旅行社业务经营许可证、导游证、领队证等处罚措施。

### （二）责令退款、赔偿、先行垫付和使用旅游服务质量保证金等

对于旅游投诉，按照《旅游法》第三十五条第三款的规定，发生违反前两款规定情形的，旅游者有权在旅游行程结束后 30 日内，要求旅行社为其办

理退货并先行垫付退货货款，或者退还另行付费旅游项目的费用，接到投诉的部门应当按照其职责权限及时调查处理，并予以调解，情况属实的，可采取包括责令旅行社退款和先行垫付退货货款等措施，旅行社拒绝或者无力赔偿的，旅游行政管理部门可以依据《旅行社条例》第十五条“旅行社违反旅游合同约定，侵害旅游者合法权益，经旅游行政管理部门查证属实”的规定，使用保证金用于旅游者权益损害赔偿。需要特别说明的是，新修订的《消费者权益保护法》第五十六条也规定，经营者对消费者提出的退还货款和服务费用或者赔偿损失的要求，故意拖延或者无理拒绝的，除承担相应的民事责任外，还应由工商行政管理部门或者其他有关行政部门责令改正，可以根据情节单处或者并处行政处罚。从上述法律法规规章来看，面对旅游者要求旅游主管部门和其他有关主管部门保障合法权益的诉求时，旅游主管部门可以对其投诉采取行政处罚以外的处理措施，但应严格按照法律法规行使职责，不能无限扩大介入处理民事争议的范围，否则可能会引起越权行政的指责甚至面临行政复议和行政诉讼。需要注意的是，面对上述投诉，旅游主管部门和旅游投诉受理机构还应通过调解手段解决旅游者与旅游经营者的民事纠纷，大力引导双方依靠自行协商、仲裁、诉讼等平等方式，促使投诉人与被投诉人相互谅解，达成和解。

### （三）行政调解

目前各级各部门的行政机关和依法成立的管理公共事务的事业组织调解处理了大量的民事纠纷，有效地维护了公民、法人和其他组织的合法权益，对于维护市场秩序和社会稳定发挥了至关重要的作用。旅游法律法规规章对旅游行政调解有相应的规定，比如《旅游法》第九十三条规定“消费者协会、旅游投诉受理机构和有关调解组织在双方自愿的基础上，依法对旅游者与旅游经营者之间的纠纷进行调解”，《旅游投诉处理办法》第十六条规定“旅游投诉处理机构处理旅游投诉，除本办法另有规定外，实行调解制度”。面对投诉人的赔偿诉求，旅游主管部门和旅游投诉受理机构可以在查明事实、分清是非、明确责任的基础上，依照法律、法规及有关政策的规定，说服当事人互谅互让，引导双方当事人自愿达成和解。尤其是对违法行为轻微并及时纠正，且没有造成危害后果的旅游经营者，通过行政调解解决其与旅游者的民事争议，既能有效保护旅游者合法权益，也能确保监管职能履行到位，是一种十分值得研究并予以制度化的规定。

通过上述分析，不难发现，由于旅游举报重在追究行政责任，各级旅游主管部门应当严格依法按照监管职责进行调查处理，违法事实清楚的应进行行政处罚；对民事争议查证属实的，可责令退款、赔偿、先行垫付和使用旅游服务质量保证金，当然也可以采取行政调解或引导双方自行协商解决或按司法途径解决；对旅游者因旅游服务质量问题遭受损害请求赔偿的，引导消费者通过协商、诉讼等合法途径解决，避免行政机关介入无法律职权而受理民事争议的越权指责，引发行政投诉、行政复议或行政诉讼；对非法经营旅游业务引发的旅游服务质量投诉，各级旅游主管部门和旅游投诉受理机构一方面可将投诉内容作为案件线索对非旅游企业和个人非法经营旅游业务的行为进行立案查处，另一方面应引导投诉人向工商、公安、质监和交通等部门进行投诉举报处理，同时对不属于本部门职责范围的事项，应当及时书面通知并移交有关部门查处。

## 三、处理旅游投诉和旅游举报需要注意的问题

### （一）旅游投诉和旅游举报有相互转化的可能

在实践中，不少旅游服务质量投诉人同时也是旅游违法案件线索的举报人，一些旅游举报实际目的是要求解决权益受损问题。根据法定职责分工，旅游主管部门和旅游投诉受理机构是旅游服务质量监督管理部门，将可能受理大量的旅游投诉以及部分涉及旅游服务质量的举报，不能在处理时“一刀切”，应当认真分析两者转化的可能性，予以认真研究，区分不同情形加以处理。

### （二）旅游主管部门应当履行投诉受理处理职责

实践中，一些人认为旅游主管部门应当负责旅游举报涉及的违法违规行为的监督检查，要求处理民事纠纷的旅游投诉，投诉人应当向各级旅游主管部门下属的旅游质监所或者其他部门投诉，而不应直接向其进行投诉，这种观点是错误的。一方面，《旅游法》等法律法规明确规定了各级旅游主管部门受理处理投诉的职能，各部门的内部组织机构分工不能成为拒绝受理处理投诉的理由。另一方面，投诉人进行投诉，虽不是直接要求对扰乱旅游市场秩

序行为进行查处，但各级旅游主管部门和旅游投诉受理机构在调查处理投诉过程中需要具体分析服务质量问题发生的原因，以此来履行对旅游市场的监督管理职能。

### （三）具体案件处理要按职能和情形加以处理

从具体案件的角度来看，旅游者请求处理民事争议的投诉受理面要宽泛些，而旅游违法违规行为的受理举报面要窄一些，主要限于旅游法律法规范围的行政处理案件，旅游主管部门应严格限定在此职能范围履职履责。对不属职能范围的或不适宜通过行政法规处理的旅游投诉应及时通过调解、向有关部门移交或建议按司法途径处理；对旅游投诉处理需要行政执法的，应及时进行查处。对投诉事项，旅游投诉处理机构应当在受理旅游投诉之日起 60 日内做出处理结果，达成调解协议应当制作调解书，调解不成应当终止调解，对调解结果不予执行可申请仲裁或者向法院起诉。对投诉涉嫌违反旅游法律法规的行为，应当作为违法案件线索进行登记，认为违法情况属实且应当予以行政处罚的，应当在 7 个工作日内立案或移送有关主管部门，做出处理决定。

### （四）注意各类投诉举报处理的联系

虽然投诉举报类型各有不同，但在处理过程中会因各种因素发生转变。例如处理旅游服务质量投诉过程中会夹杂着对旅游企业和从业人员违法违规行为的调查处理。而旅游主管部门对投诉举报人投诉举报处理不当或处理结果与投诉举报人预期诉求有差距时，投诉举报人也可能将问题转化，从维权诉求转为对旅游主管部门的工作提出质疑，继而对行政机关及其工作人员行为提出投诉（信访）、复议甚至诉讼。因此，必须重视投诉举报的应对处理，坚持依法行政的基本原则，既要程序合法，又要适用法律法规得当，证据材料确实充分。同时，要加强与相关部门的沟通、协调，尽量化解矛盾纠纷，做好投诉处理应对的总结与回顾，检讨工作中的不足，归纳提炼有效的经验和做法，用以规范和指导投诉举报处理工作，不断提升依法行政水平，建立处理投诉举报的长效机制。

综上所述，旅游举报和旅游投诉无论从目的上还是受理后的处理上，都有很大的区别，也有相应的关联，我们在受理、处理等过程中必须严格加以区别，以利于旅游监管工作的开展。

# 旅游投诉举报处理的责任风险和防范要点

[摘要]旅游活动是在异地消费和接受服务，使得旅游者与目的地之间存在一定的时间空间间隔。因此，产生目的地与客源地管理责任，组团社与地接社商事关系，以及异地产生服务质量纠纷，侧面也说明旅游活动具有不同于其他消费活动的特殊性。旅游纠纷还具有小额、易发的特点，以及受游客维权意识增强、出现职业维权人和质监执法人员处理不当、投诉处理制度不健全等多方面因素影响，因投诉举报案件办理引发的行政问责、来信来访、信息公开、复议和诉讼案件越来越普遍，旅游质监执法工作面临新的挑战。

## 一、关于旅游投诉举报处理的责任风险

当前旅游投诉举报工作面临的新形势和问题，主要体现在：

### （一）投诉处理不当受到行政问责

湖北省赤壁市陆水湖风景区民俗乐园内“观音阁”发生多起假僧人强迫游客烧高香导致被投诉的事件。2017 年 3 月 30 日，湖北电视台综合频道《党风政风前哨》栏目对其进行了曝光。随后，湖北省纪委对相关人员进行了问责处理。

### （二）安全监管不到位受到行政问责

2015 年 5 月 15 日，陕西省咸阳市淳化县境内发生一起特别重大道路交通事故，造成 35 人死亡、11 人受伤，直接经济损失 2300 余万元。经查，依诺相伴生活馆自 2014 年年初开业以来，多次组织客户旅游，旅游的目的主要是借机推销保健产品。但是，依诺相伴生活馆并未在西安市新城区注册登记，也没有取得旅行社经营资质，属于非法经营。在本次事故中，依诺相伴生活

馆以答谢会的名义组织 193 名客户前往淳化旅游并推销阿胶产品，每人收取 198 元，包含食、住、门票、交通等费用。属地区县旅游部门对于利用旅游手段开展商品促销的非法违规问题认识不到位，未能提前采取有效措施及时发现依诺相伴生活馆的非法旅游经营活动。上级旅游部门对区县旅游部门的日常工作督促指导不力，组织开展旅游市场“打非治违”工作不力。

### （三）投诉处理不到位引发来信来访

把投诉举报作为获取经营者旅游欺骗、诱骗、强迫证据的手段，促使达成民事赔偿是引发来信来访的重要因素，其中还包括举报人运用法律中的一些规则获取利益。有的旅游部门规定，举报违法行为，经查证属实给予处罚的，可以给予举报人奖励。有的旅游部门没有对违法企业处以罚款，造成举报人无法获得相应奖励，举报人不满行政机关对违法企业的查处结果。还有的民事赔偿未达到心理预期，投诉举报人质疑处理人员不公正，投诉处理人员。

### （四）投诉处理不到位引发复议诉讼

新《行政诉讼法》第二十六条规定：“经复议的案件，复议机关决定维持原行政行为的，作出原行政行为的行政机关和复议机关是共同被告；复议机关改变原行政行为的，复议机关是被告。复议机关在法定期限内未做出复议决定，公民、法人或者其他组织起诉原行政行为的，做出原行政行为的行政机关是被告；起诉复议机关不作为的，复议机关是被告。”这个规定明确复议维持类案件复议机关和被申请人共同作为被告，明确复议机关不作为将直接作为被告，改变了长期以来许多地方复议维持率高和对复议申请置之不理的现状，导致旅游部门在办理投诉举报案件过程中，可能遭致复议、诉讼的风险增加。

## 二、关于旅游投诉处理职责的法律规定

针对旅游投诉举报案件频发，特别是来信来访、信息公开、复议诉讼案件明显增加，办理难度不断加大，法律风险提升的现实问题，亟须各级旅游部门高度重视投诉举报工作，切实加强政策和法律分析研究，防范可能发生的问责风险和法律风险。有效防范旅游投诉举报案件办理的法律风险，核心

在全面履行自身的职责，重点在把握时限、告知、程序等关键环节，从长远来看则要建立健全统一投诉受理的长效机制。

### （一）履行投诉举报处理职责

《旅游法》规定，县级以上人民政府旅游主管部门和有关部门，在履行监督检查职责中或者在处理举报、投诉时，发现违反本法规定行为的，应当依法及时做出处理。《国务院办公厅关于加强旅游市场综合监管的通知》（国办发〔2016〕5号）规定，旅游部门“承担向有关部门或地方政府转办、跟踪、协调、督办旅游投诉处理情况的职责”“对接到旅游投诉举报查处不及时、不依法对旅游违法行为实施处罚的，对涉嫌犯罪案件不移送的，以及在履行监督管理职责中滥用职权、玩忽职守、徇私舞弊的，要依法依纪追究有关单位和人员的责任；构成犯罪的，依法追究刑事责任”。上述规定可以从两方面理解：第一，旅游法律首次把举报和投诉作为两项并列的职责进行明确规定，旅游部门在日常市场检查和接到游客投诉举报时，都有权力和义务进行处理。第二，上级文件要求处理投诉落实不到位、程序有瑕疵的可引发行政问责。

### （二）组织行政调解

《旅游法》规定，旅游投诉受理机构和有关调解组织在双方自愿的基础上，依法对旅游者与旅游经营者之间的纠纷进行调解。旅游投诉处理实行调解制度。旅游投诉处理应当在查明事实的基础上，遵循自愿、合法的原则进行调解，促使投诉人与被投诉人相互谅解，达成协议。上述规定应当从四方面来认识：第一，侵害的是旅游者合法权益，提出旅游投诉的主体是旅游者。认定投诉人是否具有旅游者主体资格，关键要认定其与被投诉人是否存在服务行为。若没有事实上的服务行为，不是旅游者，不能使用旅游投诉调解制度。第二，旅游投诉调解的对象是平等主体之间的民事纠纷。若纠纷双方不是平等主体关系，或争议不是民事权利，不适用旅游投诉调解制度。第三，旅游投诉调解的性质是行政机关的居间调解。自愿前提下的行政机关居间协调，既不能强制当事双方参与调解，也不能强制达成或执行调解协议。但对旅游主管部门来讲，发起并组织行政调解是法定职责，必须履行。第四，调解并不是投诉处理的唯一手段，不能认为处理了民事纠纷就可以放弃行政处罚，不能认为应当先进行民事调解，调解不成再行政处罚，这些都是行政瑕疵。

### （三）划拨质保金

出现“旅行社违反旅游合同约定，侵害旅游者合法权益，经旅游行政管理部门查证属实”，以及“旅行社因解散、破产或者其他原因造成旅游者预交旅游费用损失”的情况，经旅游投诉处理机构调解，投诉人与旅行社不能达成调解协议的，应当做出划拨旅行社质量保证金赔偿的决定，或提出划拨旅行社质量保证金建议。这项职责无论执行还是不执行，引起复议和诉讼的可能性都非常大，但实践中又十分容易被忽视，需要格外引起重视。

### （四）立案处罚

《旅游法》规定，“在履行监督检查职责中或者在处理举报、投诉时，发现违反本法规定行为的，应当依法及时做出处理”。《旅游投诉处理办法》规定，“发现被投诉人或者其从业人员有违法或犯罪行为的，应当按照法律、法规和规章的规定，做出行政处罚、提出行政处罚建议或者移送司法机关”。《旅游行政处罚办法》规定，“在监督检查、接到举报、处理投诉或者接受移送、交办的案件，发现当事人涉嫌违反旅游法律、法规、规章时，应当在 7 个工作日内立案。案件情况复杂的，立案时限可延长至 14 个工作日内”。上述规定，一方面对投诉举报过程中发现违法行为的查处职责进行规定，另一方面对办理行政处罚案件的立案时间做出明确限定。办案中违反、遗漏即构成程序瑕疵，属于可追责行为。

### （五）结果告知、案件移送

《旅游法》规定，“接到投诉，应当及时进行处理或者移交有关部门处理，并告知投诉者。对不属于本部门职责范围的事项，应当及时书面通知并移交有关部门查处”。《旅游行政处罚办法》规定，“对实名投诉、举报不予立案或者撤销立案的，应当告知投诉人、举报人，并说明理由”。结合上述法律规定和司法实践，投诉处理要注意 5 个风险防范点：首先，有投诉必须有告知。查处与否、是否有管辖权限都应当进行告知，不告知属于可追责行为。其次，告知方式灵活多样，重点是确认投诉人能获取处理情况的途径：既可以口头告知，也可以电话或书面告知；既可以向投诉者本人告知，也可以向其委托的代理人告知。再次，告知内容可平衡把握，重点是结合投诉事项提供过程性和结论性信息。从完整性上说，全面告知“投诉人投诉的违法行为、对被违法行为的处理措施、具体处理结果”等内容是最完备的；从法律规定上看，也可仅告知与有直接利害关系的最终处理结果。但实名举报且不予立案或撤销立案的，应当告知并说明理由。然后，投诉举报仅是查处行政违法案件的线索来源之一，与投诉举报内容无直接关系但也属同一案中查获的其他违法行为，执法人员有权裁量是否告知。最后，移送时必须书面通知并移交。

### （六）信息公开和公告检查、投诉情况

《旅行社条例》规定，“应当及时向社会公告监督检查的情况。公告的内容包括……以及旅行社的诚信记录、旅游者投诉信息等”。《旅游投诉处理办法》规定，“应当每季度公布旅游者的投诉信息，应当为受理的投诉制作档案并妥善保管相关资料”。投诉处理中要注意的风险点有5个：第一，法律、法规和规章明确规定应当公开的投诉举报情况，应当主动公开。第二，申请公开的信息属于秘密事项，应当不予公开。《政府信息公开条例》确定的公开的例外仅限于国家秘密、商业秘密、个人隐私。第三，投诉举报的过程性信息一般可以不予公开。依据《国务院办公厅关于做好政府信息依申请公开工作的意见》规定，“行政机关在日常工作中制作或者获取的内部管理信息以及处于讨论、研究或者审查中的过程性信息，一般不属于《条例》所指应公开的政府信息”。第四，已主动公开的应告知申请人获取信息的途径。对于已经主动公开的政府信息，行政机关可以不重复公开，但应当告知申请人获取该政府信息的方式和途径。

### （七）遵守投诉处理时效

事前审查阶段：接到投诉应当在5个工作日内做出受理或不予受理的处理决定，不予受理的，应当向投诉人送达《旅游投诉不予受理通知书》，告知不予受理的理由；事中处理阶段：处理旅游投诉应当立案办理，填写《旅游投诉立案表》，并附有关投诉材料，在受理投诉之日起5个工作日内，将《旅游投诉受理通知书》和投诉书副本送达被投诉人。事后告知阶段：应当在受理旅游投诉之日起60日内做出调解处理决定，达成调解协议的，应当制作《旅游投诉调解书》；调解不成的，终止调解，向双方当事人出具《旅游投诉

终止调解书》。

### （八）建立统一的投诉受理机构

国办 5 号文规定，“建立或指定统一的旅游投诉受理机构，实现机构到位、职能到位、编制到位、人员到位，根治旅游投诉渠道不畅通、互相推诿、拖延扯皮等问题”。总体来说，目前各地建立统一投诉受理机制取得积极进展，但也不甚理想、面临着一些困难。一是多数地方没有启动此项工作，仍然按照既往的旅游投诉体制接受游客投诉；二是已发文建立统一投诉受理机制的地方重在强调“机制”重要性而不强化“机构”的实体化建设、厘清职责分工。

### （九）建立投诉举报内部制度

《旅游行政处罚办法》规定，应当建立健全对案件承办机构和执法人员旅游行政处罚工作的投诉、举报制度，并公布投诉、举报电话。受理举报、投诉的部门应当为举报人及投诉人保密。风险防范要点：一是要建立内部投诉举报制度、公布投诉电话；二是要为投诉举报人保守秘密。督察问责、复议诉讼将依据这些法律规定，结合各部门制定文件、档案归档、工作流程等情况进行界定，来判断投诉举报人是否与案件有直接利害关系。

以上规定看似简单，实践中实则问题不少。第一，投诉不软执法不硬。本应当为游客化解矛盾纠纷的，不及时主动履行职责；涉嫌违法的，不主动履行查处职责；在规章制度上，没有形成统一的投诉举报制度体系，处理时限把握不严格，告知内容不规范，不依法及时移送案件，时有引发行政问责和法律风险。第二，投诉举报人维权意识的增强，聘请律师顾问、专业维权人员介入越来越普遍，所提诉求涉及的法律法规相对专业又有针对性，而投诉处理人员学习运用不够，对这些规定甚至不甚清楚，往往出现难以招架的情形。第三，投诉举报业务监管不到位、巡查不到位、检查不记录不登记，甚至根本不实地核查，仅在计算机台账上、业务系统上登记录入。

投诉举报一旦处理不当并造成相应后果，无证可取、无据可查，行政问责、法律追责可能发生，并有翔实的制度约束。在监督手段上，《旅游行政处罚办法》规定，对旅游行政处罚的监督，可以采取定期或者不定期方式，通过案卷评查和现场检查等形式进行；处理对行政处罚行为的投诉、举报时，可以进行调查、查询，调阅旅游行政处罚案卷和其他有关材料。在问责方式上，《旅游法》规定，旅游主管部门和有关部门的工作人员在履行监督管理职责中，滥用职权、玩忽职守、徇私舞弊，尚不构成犯罪的，依法给予处分。《旅行社条例》规定，发现违法行为不及时予以处理、未及时公告对旅行社的监督检查情况、未及时处理旅游者投诉并将调查处理的有关情况告知旅游者的，对直接负责的主管人员和其他直接责任人员依法给予处分。

## 三、关于投诉举报处理的风险防范

防范风险的前提就是对投诉和举报上的内涵和外延、区别和异同进行明晰，并有必要通过司法判例的分析研判，来准确把握投诉举报处理中的程序性和实体性要求。

### （一）最高人民法院（2017）最高法行申 281 号“再审申请人梁 × 因诉山西省人力资源和社会保障厅劳动保障行政监察及山西省人民政府行政复议决定案”

2014 年 12 月 31 日，梁 × 向山西省人力资源和社会保障厅投诉反映太原钢铁劳务公司（宏业发展分公司）侵害其劳动保障权益问题。2015 年 1 月 7 日至 4 月 9 日期间，山西省人力资源和社会保障厅对投诉案件开展调查，并于 2015 年 4 月 22 日向太原钢铁劳务公司下达《劳动保障监察责令改正决定书》。2015 年 5 月 8 日山西省人力资源和社会保障厅向梁 × 发出《告知书》，将调查结果书面告知梁某。梁 × 对《告知书》不服，于 2015 年 7 月 3 日向山西省政府提出行政复议申请，山西省政府认为《告知书》事实清楚、依据正确、程序合法、内容适当，做出维持《告知书》的《行政复议决定书》。梁某不服，提起行政诉讼。最高人民法院裁定要点如下：

1. 投诉举报具有重要的作用。法院认为，投诉举报是公民、法人或者其他组织参与行政管理的重要途径，除了维护自身合法权益，对于监督行政机关依法行使职权、弥补行政机关执法能力不足也发挥着积极作用。

2. 投诉举报管辖由法律、法规和规章决定。法院认为，公民、法人或者其他组织可以就何种事项向哪个行政机关投诉举报，取决于法律、法规或者规章的具体规定。

3. 发起诉讼取决于明确的投诉举报权利和用于保障自身的合法权益。法院认为，能否就投诉举报事项提起行政诉讼，需要根据法律、法规或者规章对于投诉举报请求权的具体规定做出判断。通常情况下，对是否具备原告资格的判断，取决于以下方面：第一，法律、法规或者规章是否规定了投诉举报的请求权；第二，该投诉举报请求权的规范目的是否在于保障投诉举报人自身的合法权益。

4. 对投诉的“不予立案”的行政答复可以提起行政诉讼。法院认为，投诉是因投诉人自身权益受损而向行政机关投诉要求维护投诉人自身的利益。如果行政机关对于劳动者的投诉不予受理或者不履行依法纠正、查处的法定职责，劳动者可以依法提起履行职责之诉。

5. 举报的定性和作用。法院认为，举报的作用并非直接保障劳动者自身的合法权益，主要是为行政机关查处其他违反法律、法规或者规章的行为提供线索或者证据，因此其规范目的在于维护公共利益，而非保障举报人自身的合法权益。

6. 对投诉处理结果不服能否提起行政诉讼取决于法律、法规或者规章的具体规定。通常认为，法律、法规或者规章规定的投诉请求权，在于促使行政机关对于投诉事项发动行政权。如果行政机关发动了行政权，并将调查处理结果告知投诉人，就属履行了法定职责。如果投诉人对调查处理结果不服，其提起诉讼的目的是想为第三人施加负担，例如要求做出或者加重对于第三人的处罚，则应依赖于法律、法规或者规章是否规定了为第三人施加负担的请求权。只要法律法规或者规章没有规定举报人有为第三人施加负担的请求权，举报人就无权要求行政机关就处理情况进行答复告知。

7. 对举报无论做出答复或不答复且与举报人自身合法权益没有直接关系的，不可提起行政诉讼。法院认为，行政机关对于举报所做的处理，包括答复或者不答复，均与举报人自身合法权益没有直接关系，由此举报人也就不具备提起行政诉讼的原告资格。需要注意的是，本案引用的部门规章与《旅游行政处罚办法》规定“实名举报不予立案的应当告知并说明理由”不一致。旅游规章对投诉举报事项做出了具体规定的，投诉举报处理没有告知的，当事人可以依法提起履行职责之诉；就“未查处其举报的事项，要求人民法院判决行政机关履行查处职责”属于与其合法权益没有直接关系的起诉。

8. 告知是否合法取决于法律、法规或者规章的具体规定。法院认为，依法应对举报的行为是否违法进行调查认定，并告知调查结果，以告知有关内容代替告知举报调查结果的行为，未能依法履行保护举报人财产权的法定职责，不属于《最高人民法院关于执行〈中华人民共和国行政诉讼法〉若干问题的解释》规定的“对公民、法人或者其他组织权利义务不产生实际影响的行为”的范围，具有可诉性。

### （二）宗××诉××市旅游局政府信息公开案

宗××于2016年5月24日通过××市旅游局政务网提出政府信息公开申请，要求获取××市旅游培训中心事业单位详细信息。××市旅游局收到后，经查，宗××申请获取的上述信息属于公开范围，且已在市旅游局相关网站上予以公开。2016年5月27日，旅游局根据《市政府信息公开规定》第二十三条第（一）项之规定，在网上予以答复，告知宗××其申请获取的旅游培训中心的详细信息，市旅游局已主动公开，并告知网址，建议宗××上网查询。法院主要裁判要点如下：

1. 行政机关依法具有受理向其提出的政府信息公开申请并做出答复的法定职权。

2. 属于主动公开范围的政府信息，行政机关应当在本机关的政府网站上公开。行政机关可以通过安排申请人查阅相关资料或者其他适当的方式和载体形式提供政府信息

该案的风险提示在于“互联网+政务”，需要注意的有两点：一方面，公民、法人或者其他组织通过政府公众网络系统向行政机关提交政府信息公开申请的，除非有特殊说明，否则系统确认提交成功即视为受理时效开始启动。另一方面，外网与内网、上下级行政机关之间对于该申请的流转，属于机关内部管理事务，但内部事务不能成为行政机关延期处理的理由，逾期做出答复的，可确认为违法。

### （三）余×等人诉××市旅游局行政投诉案

2011年6月29日，余×与中国××旅行社签订《出境旅游合同》，参加2011年7月4日至7月8日的香港旅游团。2011年7月6日凌晨，余×在香港盛逸酒店房间内意外摔伤。余×等人分别于2012年10月10日、2012年11月23日、2013年1月16日三次就同一事由向市旅游局递交投诉书，

××市旅游监察执法总队分别于10月18日和12月3日对其回复、2013年1月18日出具《旅游投诉不予受理通知书》。两次回复和通知，均述明其投诉因已超过投诉期限，对其投诉不予受理，并指明了救济渠道。

余×称，原审法院对法律的理解有误，《旅游投诉处理办法》中规定的"旅游合同结束之日"应该是履行合同约定权利义务完全终结时。法院裁判要点：

1. 本案系因再审申请人与中国××旅行社在履行旅游合同中发生纠纷，而引发的旅游投诉。

2. 争议的焦点是旅游投诉机构对投诉人所做出的不予受理投诉的行政决定是否合法。

3. "旅游合同结束之日"，应当是指所签订的旅游合同约定的旅游行程结束的时间，而不能理解为合同中所约定的权利义务全部履行完毕的时间，合同一方当事人未按合同履行义务，属于履行合同产生的民事争议，否则投诉期限的设置将失去意义，这有违该部门规章制定的立法目的。

### （四）张××诉××市人力资源和社会保障局、××市社会保险基金管理中心行政不作为案

张××于2013年3月13日、10月16日向××市人力资源和社会保障局（简称××市社保局），9月25日向××市社会保险基金管理中心（简称××市社保基金中心）邮寄信函，主要内容为要求履行法定职责，对其社会保险缴费基数偏低和少缴、漏缴问题进行强制征缴。市社保局于2013年10月26日收到信函后，认为其所述问题不属于该局职责，属于市社保基金中心职责，遂将信件转至该中心办理。该中心于2013年11月29日向张××出具《关于张××信访反映问题的答复》，主要内容为其已经办理退休手续，退休待遇均由其参保所在区的社保局审批确定，且在审批之前已经要求本人对缴费基数、缴费年限等事项进行了确认，该中心作为社保经办机构，负责依据区县社保局审批结果及有关政策规定按时足额发放退休待遇。张××先是针对市社保局、市社保基金中心分别提起诉讼，因各自答辩不具备相应职责而申请撤诉，后将两单位作为共同被告诉至法院，请求确认市社保局向市社保基金中心转交信件行为违法，撤销市社保基金中心上述答复，判令二被告履行法定职责，对其诉求予以答复。法院裁判要点：

1. 行政机关依法依规可将信件转至下属机构。根据《社会保险费征缴暂行条例》第五条规定，市社保局具有负责全市社会保险费征缴管理和监督检查工作的行政职能，《关于社会保险举报投诉案件受理查处职责分工的通知》第二项明确规定“对用人单位未按时足额缴纳社会保险费的举报、投诉，由社会保险经办机构受理查处，逾期仍不缴纳的，由社会保险经办机构提请有管辖权的劳动监察机构实施行政处罚”。

2. 下属机构不履行查处职责是可追责主体。市社保基金中心应对原告信函要求事宜做出明确处理，但其未在60天内做出答复，且在此前原告起诉该中心不履行法定职责一案中，隐瞒了市社保局下达上述文件的情况，在答辩状中否认其具备相应职责，导致原告认为起诉被告主体有误而申请撤诉，系未履行法定职责并进行推诿。

3. 对投诉请求一概做出信访答复需受司法审查。下属机构给原告出具的《关于张 ×× 信访反映问题的答复》，在未对原告提出的请求做出明确处理的情况下，直接以信访形式答复显系不妥。

最高人民法院认为，基于行政管理复杂性和法律规定不明确，在职权界限不清晰的情况下，行政机关之间应当主动沟通联系，共同协调解决，不能互相推诿，甚至和老百姓“捉迷藏”。人民法院对于行政主体在诉讼中隐瞒其与有关单位之间关于职权划分的相关文件的，应依法制裁，必要时可向纪检监察部门通报反映；在行政主体相互推诿，均否认具有相应法定职责的情况下，可依法将相关行政主体都列为被告，共同参加诉讼，通过庭审举证、质证和辩论，最终确定履责主体。鉴于旅游主管部门和旅游质监执法机构与社保管理系统的机构设置上具有很大的相通性，在处理投诉举报中，要特别注意，不能认为下发文件把处理职责配置给下属机构，上级主管部门就可对投诉举报置之不理，下属机构认为职责只是“旅行社的投诉调解”就可对违法行为举报置之不理，当事人因此起诉至法院，人民法院可将主管部门和下属机构列为共同被告。

### （五）钟××诉××市工商行政管理局××分局行政不作为案

2013年12月27日，×× 市工商行政管理局 ×× 分局（简称 ×× 工商分局）接到钟 ×× 的申诉（举报）信，称其在 ×× 超市购买的“北大荒富硒米”不符合《预包装食品营养标签通则》的规定，属不符合食品安全标准的违法产品，要求 ×× 工商分局责令 ×× 超市退还其货款并进行赔偿，依法做出行政处罚。同年 12 月 30 日，×× 工商分局做出《答复》，称依据该局调查，钟 ×× 反映的食品安全问题目前不属于其职能范围。钟 ×× 于 2014 年 1 月 8 日向 ×× 市工商行政管理局提出复议申请，该机关于同年 4 月 2 日做出复议决定书，维持《答复》。钟 ×× 不服，以 ×× 工商分局为被告提起行政诉讼，请求确认 ×× 工商局处理举报案件程序违法并责令其履行移送职责。法院裁判要点：

1. 履责的依据包括法律、法规、规章和规范性文件依据国务院食品安全办、国家工商总局、国家质检总局、国家食品药品监管总局颁布的《关于进一步做好机构改革期间食品和化妆品监管工作的通知》（食安办〔2013〕13 号）、《×× 市人民政府办公厅关于印发 ×× 市食品药品监督管理局主要职责内设机构和人员编制规定的通知》等文件规定，目前 ×× 市流通环节的食品安全监管职责由 ×× 市食品药品监督管理局承担，故被告 ×× 工商分局已无职责对流通环节的食品安全进行监管，且其在接到原告钟 ×× 举报时应能够确定该案件的主管机关。

2. 移送法定职责不履行可追责。《工商行政管理机关行政处罚程序规定》第十五条规定，工商行政管理机关发现所查处的案件属于其他行政机关管辖的，应当依法移送其他有关机关。本案中当被告认为原告所举报事项不属其管辖时，应当移送至有关主管机关，故判决被告在 15 个工作日内就原告举报事项履行移送职责，驳回原告其他诉讼请求。×× 工商分局不服，提出上诉，×× 市第三中级人民法院二审以相同理由判决驳回上诉、维持原判。

最高人民法院认为，行政机关对不属于本机关办理职责事项，如果有关规范性文件规定应移送有权机关办理的，应当及时移送。在行政管理领域，法定职责来源既可能是本行政领域的法律、法规、规章和规范性文件，也可能是其他行政管理领域的法律规范，甚至可能是行政管理需要和行政惯例。发现群众对于食品安全问题的举报事项属于其他行政机关管辖的，应当移送相关主管机关，不能一推了之。该案对旅游部门处理投诉举报的意义十分重大：一是旅游市场综合监管十分必要且要保障执法人员权益，“一推了之”伤害的是部门形象，损害的是政府公信力，“移送告知”是必要的行政义务；二是法定职责的依据不是只有法律法规，还有规范性文件，偏执于“规范性文件不是依法行政”是履责错位，只要观念不变，行政问责、行政败诉的风险时刻相伴。

### （六）纠纷调解的原则与方法

保护旅游者合法权益是旅游部门的重要职责，但旅行社对游客的违约责任、安全保障义务绝非大包大揽，更不是只要游客出现意外、发生纠纷，旅行社就要承担一切赔偿责任。纠纷调解要注意审查旅游者是否自身存在过错。

1. 审查旅行社是否尽到合同约定义务。调解此类纠纷首要的标准就是审查旅行社是否违反合同约定，如是否擅自减少景点、擅自增加自费项目等。同时，要注意排除违反合同约定是否有客观原因存在，比如减少旅游景点是否因遇到不可抗力，或是双方达成了变更行程的协议。调解应在分清是非、明确责任的基础上进行。

2. 审查旅行社是否尽到了法律规定的义务。法定义务是强制性的规定，双方必须要遵守。没有安全就没有旅游。旅行社最重要的法定义务就是履行对游客的安全保障义务。这其中需要把握旅行社是否实施了对游客的说明和警示义务，是否选择了安全合理的旅游线路，是否对可以预见的灾害性天气采取了相应的保障预防措施。此外，如果旅行社侵犯了游客的知情权或人格尊严权，也构成对法定义务的违反，需要承担相应的法律责任。

3. 审查旅行社免于承担赔偿责任的情形。发生不可抗力因素造成旅游者经济损失的，双方均无责，但旅行社必须退还旅游者未发生的旅游费用，其他事宜根据合同的约定执行，或双方协商确定。

4. 审查旅游购物发生问题的原因。购物是引发旅游投诉举报的重要环节。如果购物场所由旅行社安排，旅行社有义务协助退换货；若购物场所系旅行社安排且未事先与游客达成一致的，旅行社应为其办理退货并先行垫付退货货款。如因游客个人要求，或在非旅行社安排购物场所购物的，则旅行社不需要承担退换货义务，游客可自行联系商家退换货。

### （七）投诉举报处理需要注意的事项

1. 履行投诉受理处理职责应依据法律、法规、规章和规范性文件。实践中，一些人认为，旅游主管部门因 A 级景区、星级饭店、非法经营旅游业务引发投诉被问责，没有明文的法律依据。笔者认为，职权法定与承担行政职责并不是同一关系。职权法定在于强调依法行使权力的资格，“法无授权不可为”，限制权力滥用，肆意减损公民、法人和其他组织的权利，或增加其义务，否则即构成渎职行为而应承担法律后果。而行政职责包括行政职责和法律职责，其基本要义就是一项行政行为或措施，会因履行公务活动产生行政效应，因执行行政法规产生法律效力，不能仅仅依据没有法律的一对一条文就否定自身职责。旅游质监执法人员的职责是根据法律法规规章、规范性文件以及执法部门内部制度规定、文件办法等来界定，履行程序性检查、记录，依法处理，并及时移送是依法行政的基本要求，不能一放了之、一推了之。

2. 注意投诉和举报转化的可能。在实践中，不少旅游服务质量投诉人同时也是旅游违法案件线索的举报人，一些举报的目的是解决民事权益受损问题。虽然投诉举报类型各有不同，但在处理过程中会因各种因素发生转变。比如，处理旅游服务质量投诉案件过程中，投诉人会夹杂着对旅游企业和从业人员违法违规行为的举报。而旅游主管部门对投诉举报处理不当或处理结果与投诉举报人预期有差距时，投诉举报人也可能将问题转化，从民事诉求转为对旅游部门提出投诉、信息公开、信访、复议甚至诉讼。因此，在具体的处理工作中，应坚持“投诉举报并行不悖”的原则。

# 对“扣除必要费用”的理解与扣除方法

[**摘要**] 在旅游投诉实务工作中，经常遇到由于旅游者原因或者签证遭拒签解除合同，旅游经营者只退还旅游者很少费用，甚至一分钱不退的情况，旅游者会觉得“没吃没喝没住没坐飞机没坐船，都还没出发，怎么就一分钱不退呢”，旅行社的抗辩理由是已向地接社或者履行辅助人预付款，且预付款无法退还。对动辄数万元的出境旅游而言，怎样扣除必要费用是旅游行业和旅游者都十分关注的问题，也是旅游质监执法部门和司法部门具体法律适用的难点问题。

## 一、“扣除必要费用”的法律性质

### 案例索引

刘先生一家提前1个月在某旅游网站上报了春节期间出发的“欧洲10日游”旅游团，总团费是4万多元。出行前一个星期刘先生因妻子意外摔伤不得不全家申请退团，可旅行社要求扣除近85%的旅游费用以赔偿其损失。对此，刘先生一家并不认可。因协商不成，刘先生一家向当地旅游局质监所进行了投诉，后因协商不成终将旅游网站告上法庭。

按照《合同法》《旅游法》和《最高人民法院关于审理旅游纠纷案件适用法律若干问题的规定》的相关规定，旅游合同解除会引发给付违约金、扣除必要费用退还余款以及赔偿损失的法律后果。给付违约金是违约方按照事先约定的违约情况向守约方支付一定数额的违约金，当然合同双方还可以对损失赔偿额的计算方法进行约定。赔偿损失包括两点：一是约定的违约金低于或高于造成的损失，当事人可以请求法院或者仲裁机构要求予以增加或减少；二是法定违约条件出现时，旅行社在扣除必要的费用后造成损失的，旅游者还要承担赔偿责任。

### （一）扣除必要费用的主要情形

扣除必要费用包括三种情形：旅游者行使任意解除权解约、旅行社行使法定解除权解约和不可抗力等客观原因解除合同。引发的费用扣除和退还问题也有三种：

第一，因旅游者行使合同任意解除权的“扣除必要费用，将余款退还旅游者”。这种任意解除权不是请求权，无须旅行社同意；它是形成权，只要旅游者向旅游经营者发出解约的意思且传达到旅游经营者，即产生合同解除后果。法理基础是任意解除权是对“约定必须遵守”或“约定必须信守”原则的合法破坏，它的生效不是基于当事人约定，而是依据法律的明确规定，无论合同是否载明此事项，一旦成为旅游者即享有该项权利。法律援引是《旅游法》第六十五条：“旅游行程结束前，旅游者解除合同的，组团社应当在扣除必要的费用后，将余款退还旅游者。”

第二，旅行社法定合同解除权的“扣除必要费用，将余款退还旅游者”。法定解除由法律直接规定解除，解除条件具备时，旅行社可以解除合同。法律援引是《旅游法》第六十六条：“旅游者有下列情形之一的，旅行社可以解除合同：患有传染病等疾病，可能危害其他旅游者健康和安全的；携带危害公共安全的物品且不同意交有关部门处理的；从事违法或者违反社会公德的活动的；从事严重影响其他旅游者权益的活动，且不听劝阻、不能制止的；法律规定的其他情形。因前款规定情形解除合同的，组团社应当在扣除必要的费用后，将余款退还旅游者；给旅行社造成损失的，旅游者应当依法承担赔偿责任。”

第三，由于不可抗力等客观原因解除合同的“扣除已向地接社或者履行辅助人支付且不可退还的费用后，将余款退还旅游者”。订立旅游合同的目的是通过合同这种法律手段实现各自的利益，当出现不可抗力使订立合同的目的无法实现时，旅游者和旅游经营者都有权解除合同，且这种合同解除，是不可归责于旅行社和履行辅助人的客观原因，因此旅行社不承担解除合同的违约责任。法律援引是《民法通则》第一百零七条“因不可抗力不能履行合同的，不承担民事责任。法律另有规定的除外”以及《旅游法》第六十七条“因不可抗力或者旅行社、履行辅助人已尽合理注意义务仍不能避免的事件，影响旅游行程的，按照下列情形处理：……合同解除的，组团社应当在扣除已向地接社或者履行辅助人支付且不可退还的费用后，将余款退还旅游者”。需要注意的是，《旅游法》关于“扣除必要的费用”出现了两种表述三种情形，“扣除必要的费用”和“已向地接社或者履行辅助人支付且不可退还的费用”是否内涵一致？任意解除权下的“扣除必要的费用”和法定解除下的“扣除必要的费用”内涵是否同一？对这两者的定性直接关系到具体案件的法律适用和责任后果。

### （二）必要费用的法律内涵

笔者认为，必要费用的内涵是“费用实际发生且支出合理”。目前关于“必要费用”的内涵外延认识不一。2014 年版《团队出境旅游合同（示范文本）》第一章第一条第 15 点规定：“必要的费用，指出境社履行合同已经发生的费用以及向地接社或者履行辅助人支付且不可退还的费用，包括乘坐飞机（车、船）等交通工具的费用（含预订金）、旅游签证 / 签注费用、饭店住宿费用（含预订金）、旅游观光汽车的人均车租等。”《旅游法解读》一书认为，任意解除权下的必要费用包括两方面：一是组团社已向地接社、履行辅助人或公共交通经营者支付且不可退还的费用；二是在旅游行程中已实际发生的费用，但书中没有对任意解除权的必要费用和法定解除权的必要费用是否相同进行解释。2010 年 10 月《最高人民法院关于审理旅游纠纷案件适用法律若干问题的规定》第十二条规定：“旅游行程开始前或者进行中，因旅游者单方解除合同，旅游者请求旅游经营者退还尚未实际发生的费用或者旅游经营者请求旅游者支付合理费用的，人民法院应予支持。”可见，司法解释认定的“必要费用”包括退还尚未实际发生的费用和支付合理的费用两部分，可公式化为“退还尚未实际发生的费用 = 总团费 - 已支出的合理费用”。依据《旅游法解读》来看，任意解除权、法定解除权的必要费用与不可抗力解除合同的费用扣除是包含关系。但笔者认为，两者应该是同一关系。因为组团社已向地接社或者履行辅助人支付且不可退还的费用强调的都是“已实际发生的费用”。可见，费用“是否实际发生”是费用后续清算的关键点。因此，必要费用的内涵可定义为“费用实际发生且支出合理”。

实践中，不同情形合同解约的法律后果不尽相同。一般来说，合同解除后，尚未履行的，应终止履行；已经履行的，根据履行情况和合同性质，当事人可以要求恢复原状、采取其他补救措施，并要求赔偿损失。法理依据是解除溯及既往的，应当支付受害方因订立合同、准备履行合同和因恢复原状而支出的费用。从《旅游法》法律条文来看，旅游者任意解除权“损害赔偿”的法律后果——旅游者无须承担违约责任，旅行社享有恢复原状请求权，即扣除因准备工作所产生的“直接损失”，剩余款项应返还给旅游者；法定解除权的法律后果不仅需要扣除必要费用退还余款，还需赔偿（预期利益）损失，这是两者的显著区别，否则无法解释立法在此两处的差别所在。差别的理由在于：旅游者任意解约权体现了法律对旅游者人身自由的尊重和保障，应当认定为合法的违约行为，是违约责任的例外规定；法定解除权的法律后果是旅游者过错甚至违法情形下严重损害其他旅游者利益的单方解除，造成的损失旅游者理应承担损害赔偿责任。

综上所述，因旅游者行使任意解除权和不可抗力解除合同的法律后果不表现为违约责任，而是返还不当得利、损害赔偿的民事责任，即承担必要费用扣除退还责任，必要费用的扣除退还是一种法定赔偿，该“损害赔偿”应定性为直接的、实际的损失，这与法定解除权的“赔偿损失”不同。

值得注意的是，有司法判决还提出旅行社行使法定解除权，旅游者承担的民事责任的性质、程度和后果不能等同于旅游者故意违约应承担的违约责任。因此，行使任意解除权和不可抗力解除权的“损害赔偿”（必要费用）仅指实际损失（费用实际发生且支出合理），不含合同履约后的可得利益（预期利益），不能适用违约金条款；法定解除权的损害赔偿则包括预期利益的损失。换言之，任意解除权、法定解约和不可抗力解除合同的“扣除必要费用”是区别于违约责任、侵权责任的一种民事责任。

## 二、“扣除必要费用”的实践误区

### （一）五个主要误区

第一，社会共识和基本理论忽视的问题。“旅游者享有任意解除权”的基本认识缺乏社会共识，在签订合同或解决纠纷时，往往把旅游者提出解约的要求认为是违约行为，还要承担赔偿损失责任，事实上加重了旅游者的责任。这也反映了理论界对旅游者任意解除权、法定解除权和不可抗力解除合同的研究较少，且不深入。

第二，立法部门在必要费用的法律条款上使用两种表述，且又没有适当的解释，造成了实践中的困扰。

第三，旅游行业自身的问题。旅游者出团前提出退团，一些旅行社要求赔付全款，由此引发的纠纷不断。放眼整个旅游行业，这不是个例。

第四，行业管理中的问题。旅游合同示范文本规定“扣除的必要的费用低于实际发生的费用，旅游者按照实际发生的费用支付，但最高额不应当超过旅游费用总额”，司法实践和理论界认为该条款仅对低于实际费用按照实际费用支付进行规定，未对旅游经营者的实际损失未达到设定的比例时，是否应退还旅游者多余的费用进行约定，加重了旅游者的责任，有失公平、公正。

第五，司法实践中的问题。从北京、上海、厦门和广州等地司法判决来看，无论是《旅游法》实施前还是实施后，北京、上海、厦门和广州等地人民法院虽然一定程度上提到了旅游者单方解除合同的问题，但都没有认可旅游者解约是基于任意解除权解约的合法行为，而将旅游者行程前解约认定为是擅自解约的违约行为，直接按照签订的旅游合同格式文本的违约条款和《合同法》第八条、第一百零七条追究旅游者违约责任，系适用法律错误，定性错误。

**（二）亟待加以改进的两个方面**

一是达成旅游者行程结束前享有任意解除权的社会共识。《旅游法》赋予旅游者任意解除权，无论行程前还是行程中，旅游者都有权利解除合同。虽然任意解除合同会对旅游经营者造成损失甚至影响出境旅游管理秩序，但是旅游自由是人身权的重要体现，人身权高于财产权，经营权益不得超越人身自由体现了国家对旅游者基本人权的尊重和保障。同样的道理，限制人身权的财产权不是健康的产业发展模式。基于《旅游法》第十六条“随团出境的旅游者不得擅自分团、脱团”的规定，现行操作规范是旅游团队必须从国家开放口岸团进团出，持有团队旅游签证的旅游者必须随一个团队进行境外旅游活动，不得擅自分团、脱团。业界担忧的任意解除合同与出境旅游中通常要求的“团进团出”在操作上出现的问题，如借旅游滞留不归，进行非法移民或从事与旅游者身份不相关的工作，问题不在旅游者任意解除权，也不能因此否定旅游者任意解除权的合法性。因为这不是任意解除权的后果，而是违反出入境管理等法律法规的违法行为，否则也无法解释《中国公民出国旅游管理办法》第十一条规定“旅游团队出境后因不可抗力或者其他特殊原因确需分团入境的，领队应当及时通知组团社，组团社应当立即向有关出入境边防检查总站或者省级公安边防部门备案”的立意所在，这就表明分团是有条件的、有限制的，只要满足条件是可以操作的。

二是确定《旅游法》第六十五条的任意解除权定性和扣除必要费用的内涵。由立法部门明确旅游者行程中解除合同的法律性质是任意解除权，是合法的违约行为，无须承担违约责任，明确必要费用与“已向地接社、履行辅助人或公共交通经营者支付且不可退还的费用”是同一关系，必要费用包含后者，但不限于后者。在赔偿标准上，该条只确定了法定赔偿必要费用的条款，扣除必要费用是否可以约定损害赔偿也是值得立法部门和理论界研究的问题。司法部门应统一《最高人民法院关于审理旅游纠纷案件适用法律若干问题的规定》第十二条有关“旅游行程开始前或者进行中，因旅游者单方解除合同，旅游者请求旅游经营者退还尚未实际发生的费用或者旅游经营者请求旅游者支付合理费用的，人民法院应予支持”的司法认识，即旅游者行程结束前解约、法定解除合同和不可抗力合同解除不应依据违约来追究旅游者的违约责任，避免按照《合同法》第八条“依法成立的合同，对当事人具有法律约束力。当事人应当按照约定履行自己的义务，不得擅自变更或者解除合同”的规定，要求旅游者承担违约责任，而应按照《旅游法》第六十五条“扣除已实际发生且支出合理”的原则解决民事纠纷。关键点在“费用实际发生且支出合理”，换言之，旅行社的支出是否发生以及发生了多少，核心点是赔偿，即费用实际发生且支出合理的认定规则和证据采信。

## 三、“扣除必要费用”的证据采信

在前面论证必要费用内涵是“费用实际发生且支出合理”的基础上，旅游者、旅游经营者、法院或者仲裁机构首先遇到的问题是谁来证明、如何确认费用是实际发生且支出合理的，从而来计算损害的范围。

## （一）举证责任的关注点

在举证责任认定规则上，实际发生费用的举证责任由旅游经营者承担。一般认为，旅行社掌握扣除必要费用的主动权，应付举证责任。业界提到“提供与第三方之间的业务往来合同、支付凭证、不退款凭证等，由于与第三方之间存在利害关系，证据效力较低，旅行社经常面临举证困难的局面”。现实的情况不是怎么举证，而往往是一些旅行社疏于举证，旅游者不仅要赔偿旅行社违约金，还要赔偿签证费和保险费用，承担不得签转、不得变更、不得退票的后果，以及住宿和景点门票预订费等业务损失，而这些费用占了旅游费用总额的大部分。按照民事诉讼证据举证规则，对合同是否履行发生争议的，由负有履行义务的当事人承担举证责任。法律援引是《最高人民法院关于民事诉讼证据的若干规定》第二条:“当事人对自己提出的诉讼请求所依据的事实或者反驳对方诉讼请求所依据的事实有责任提供证据加以证明。”《旅游法》规定，已实际发生的费用应由旅游者承担，因此可以认定已实际发生费用的举证责任由旅游经营者承担。一般来说，基本的规则是签证费、酒店费用损失需旅行社提供使馆、履行辅助人开具的“签证、订房收费证明”；涉及“机票特殊取消政策”不予退还费用的，需要航空公司开具已为旅游者预订机票且不可退还费用的证明；其他必要费用，只有提供相关的费用实际发生证明，才是合法有效的处理方法。若旅游经营者没有证据或者证据不足以证明自身的事实主张，无法证明损失确实发生且具有合理性的，由负有举证责任的旅游经营者承担不利后果。这是基于旅行社作为旅游服务业务专业公司，具体的旅游服务由其提供并安排，其应当有能力提供费用实际发生的证明。此外，如果纠纷发生在出境旅游过程中，扣除必要费用的证据采信和认定归还应经公证、认证，如证据是在港澳台地区形成的，也应当履行相关的证明手续。

需要注意的是，司法判决中也出现过这样的案例：因境外履行辅助人拒不配合提供涉外公证，致使旅游经营者客观上不能提供相关证据材料的情况，法院因此判决旅游者和旅游经营者各承担一半责任。

## （二）实务中认定合理费用的扣除和返还

一是按照法定赔偿的认定规则逐一核实“实际发生的费用”，即根据地接社、履行辅助人以及为旅游者提供交通、住宿、餐饮、购物、娱乐等服务的经营者出具的支出收款凭证，结合旅游者实际使用、入住等相关证据清单确定。旅游者对支出的必要性和合理性有异议的，旅行社应当承担相应的举证责任。

二是肯定在旅游合同中直接约定“必要费用”的损害赔偿做法。因为法定损害赔偿是合同自由原则的例外，约定损害赔偿是损害赔偿的主要形式，只要不存在约定损害赔偿数额过高、过低或者计算标准极不合理等情况，应当依照当事人之间的损害赔偿约定执行，这也能弥补法定损害赔偿计算困难的不足。以国家旅游局和国家工商总局制定的 2014 年版《团队境内旅游合同（示范文本）》为例，游客在行程开始前 7 日以上提出解除合同的，旅行社应当向旅游者退还全部旅游费用；游客在行程开始前 7 日以内和行程中提出解除合同的，旅行社扣除必要的费用后，将余款退还游客。扣除标准是：行程开始前 4~6 日，按旅游费用总额的 20% 扣除；行程开始前 1~3 日，按费用总额的 40% 扣除；行程开始当天，按费用总额的 60% 扣除。在行程中解除合同的，必要的费用扣除标准计算公式是：扣除标准 = 旅游费用 × 行程开始当日扣除比例 +（旅游费用 – 旅游费用 × 行程开始当日扣除比例）÷ 旅游天数 × 已经出游的天数。其优势在于：约定损害赔偿额避免了《旅游法》确定“扣除必要费用退还余款”法定赔偿规则适用中常常遇到的计算损失范围和举证困难，减少旷时费神的纠纷解决程序。因为法定赔偿要求与实际的损害一致，而旅游经营者要证明损害或实际发生的费用且支出合理往往需要很长时间和较高的成本，法院或者仲裁机构具体核算也会遇到计算损害范围的困难。当然，未来修订旅游合同示范文本时，可以考虑将“约定比例扣除的必要的费用低于实际发生的费用，旅游者按照实际发生的费用支付，但最高额不应当超过旅游费用总额”条款，修改为“约定比例扣除的必要费用低于或高于实际发生的费用，旅游者按照实际发生的费用支付，最高额不应当超过旅游费用总额”，从而避免法院或仲裁机构认定该示范合同加重旅游者责任，显失公平，判定该条款属无效的情况。

### （三）需要注意的要点

一是法定损害赔偿与约定损害赔偿一般是不同时适用的。换言之，如果旅游者和旅游经营者适用约定损害赔偿，就不应再适用法定损害赔偿；如果认为约定损害赔偿低于或高于实际发生的费用，那就按照法定损失赔偿计算必要费用。

二是约定损害赔偿不可能与实际的损害（法定损害赔偿）完全相同。事实上法定损害赔偿的逐一认定也无法做到完全相同。旅游者或旅游经营者请求变更或撤销约定损害赔偿条款，以及法院或者仲裁机构对约定损害赔偿条款进行干预，需要有相应的证据证明约定损害赔偿条款存在显失公平，加重或者减轻责任分担的问题才能予以变更，当然这有赖于建立相对统一的立法解释和司法判例指引，以及旅游、工商部门制定的旅游合同示范文本更具公信力和执行力。

# 第四编

## 网络交易平台监管的理论与实践

**[导语]** 伴随大数据的技术进步、网络信息成本的降低和社会经济开放性的增强，包括在线旅游在内的网络交易已经成为市场失灵最为明显的领域之一，法律盲点、制度空白和监管漏洞很多。比较明显的有两点：一是在线旅游具有强烈的自然垄断特性，在线旅游市场集中度越来越高，中小在线旅游企业生存越发困难，监管依据和制度设计滞后于或者说依赖于企业掌握的数据技术标准。二是在线旅游具有典型的“去公司化”属性，在经营业务和模式上，在线旅游可以为旅游者和旅行社、目的地“食、住、行、游、购、娱”等其他要素提供双边代理服务，完成旅游活动的全流程服务。在商事规则上，在线旅游不以地域为经营界限，而是辐射全国和全球的旅游者，且成本远低于线下门店企业，这对以地域设定管辖区域、实体设店的商事制度是一个冲击。问题一定是总结经验的先导，伴随市场的发展和法治的成熟，网络交易新业态、新情况、新问题不断涌现，我们对网络交易平台的监管越发自信，网络经营旅行社业务、第三方网络交易平台、网络搜索平台三大主体的责任区分越发清晰，创新地移植吸收发达国家监管改革的经验，充分结合本土的经营规则、消费习惯进行制度创新，网络交易产业最有可能成为超越以往法律移植老路子，创造法律规则、技术标准、经营规范的立法领域。

比较重要但是容易忽视的是：网络经营与立法、监管必须有“比学赶超”的意识，网络交易平台可以通过法律的空白和消费需求转型寻求最大的创新和现实利益，立法和监管对新型产业要给予足够的耐心和保护，但网络经营不是法外之地，市场失灵发展到一定程度漏洞终究会被堵上，“在创新中监管、在监管中创新、在创新中发展”应该是未来比较重要的一条路径。

# 创新“旅游＋互联网”时代下的电商立法

［摘要］目前，“旅游＋互联网”经济已经成为融合最活跃、发展速度最快、潜力最大的领域。但一些电商平台在风投的激励下大打价格战，虚假促销，急于抢占地盘、扩大业务覆盖面，加上线上经营行为规则滞后和行政监管处罚依据捉襟见肘，一些电商平台往往面对监管层要求下架“不合理低价游”“无许可经营旅行社业务”产品的主观意愿不足，甚至今天下架明天改头换面上架，与执法人员玩起“躲猫猫”。十二届全国人大常委会将电子商务立法纳入五年立法规划和2016年工作计划。2016年12月19日，《中华人民共和国电子商务法（草案）》提请全国人大常委会初次审议。该草案共8章94条，主要框架包括立法目的、立法原则、适用范围、调整对象以及电子商务主体以及交易服务规则、交易保障、跨境电商、监管体制和法律责任等几方面。这些是法律的基本内容，也是电商立法亟待弥补和明确的领域，对解决电商活动无法可依，促进电子商务发展有明确的导向作用。

电商立法亟待明确的几个问题：第一，“电商立法”调整对象是“电子商务”还是“网络商务”或“网络交易”。第二，现行立法偏重商品交易规则的构建，电商立法如何兼顾包括旅游在内的“服务”不同于实体商品交易的独特性，需要预留空间包容促进在线旅游、“旅游＋”发展。第三，“电子商务法”与“电商立法”是不是能够匹配，“电子商务法”符合不符合“互联网＋”、网络经济尤其是移动互联网发展的现状和未来发展空间。第四，电商经营者尤其是第三方平台的法律责任平衡。第五，行政调查取证规则在电商立法上如何体现互联网的特性，确保网络监管不陷入“空挂”断档。

## 一、电商立法是可能超越法律移植老路子的立法领域

我国是互联网大国，数据显示，截至2017年12月，我国网民规模达7.72

亿，普及率达到55.8%，超过全球平均水平（51.7%）4.1个百分点，超过亚洲平均水平（46.7%）9.1个百分点。由于西方经济技术法治发展的先导性，我们在制定法律的过程中有广泛参考、移植外国法和国际惯例的传统，电商立法也不例外。《电子商务法》从法律名称到具体内容都着眼于国外调整同一问题法律规定、我国现行立法情况以及目前存在的问题。广泛研究借鉴境外法律，吸收先进成熟的法律制度，一方面是因为电商市场已经突破了国界与疆域，需要建立与国际接轨、符合国际惯例的跨境电子商务交易规则；另一方面是因为我国电子商务存在的突出问题，需要不断整合改造移植来的法律，使其更好地服务电子商务发展。换言之，电商立法移植要与现行法律法规文件紧密衔接，避免出现法律政策两条线两张皮的问题。

党中央、国务院高度重视发展电子商务。十八届三中全会提出，“放开电子商务等服务业领域外资准入限制”“加快电子商务等新议题谈判，形成面向全球的高标准自由贸易区网络”。出台了一系列政策文件，鼓励支持网络经济发展。早在2005年1月8日，国务院办公厅出台《关于加快电子商务发展的若干意见》（国办发〔2005〕2号），提出“发展电子商务是以信息化带动工业化，转变经济增长方式”。2015年5月7日，国务院发布《关于大力发展电子商务加快培育经济新动力的意见》（国发〔2015〕24号），提出要“减少束缚电子商务发展的机制体制障碍，进一步发挥电子商务加快培育经济新动力”。2015年6月20日，国务院办公厅发布《关于促进跨境电子商务健康快速发展的指导意见》（国办发〔2015〕46号），提出要“促进跨境电子商务健康快速发展”。2015年7月4日，国务院发布《关于积极推进“互联网+”行动的指导意见》（国发〔2015〕40号），提出要“加快推动互联网与各领域深入融合和创新发展，充分发挥‘互联网+’对稳增长、促改革、调结构、惠民生、防风险的重要作用”。2015年9月29日，国务院办公厅发布《关于推进线上线下互动　加快商贸流通创新发展转型升级的意见》（国办发〔2015〕72号），提出要“推进线上线下互动，加快商贸流通创新发展和转型升级”。从国务院颁布的文件看，内容包括“电子商务”“互联网+”以及“线上线下”等多方面，其规范和保障对象包括并不十分统一，呈现出文件规范对象多样和具体规定灵活的特点，但核心都是为了打通困扰网络经济发展的各个子要素，促进网络经济的健康发展。

从移植国外立法实践来看，联合国国际贸易法委员会在1996年12月通过《电子商务示范法》，适用范围是“商业活动方面使用的以一项数据电文为形式的任何种类的信息”，目的是为各国各自制定电子商务法律提供参考。紧随其后欧盟颁布《电子签名统一框架指令》和《电子商务指令》，美国颁布《统一电子交易法》和《国际国内电子签名法》，我国2004年颁布《电子签名法》，重点是解决数据电文和电子签名的法律效力不确定问题。由于互联网是从国外引入，互联网法律也主要是以移植联合国、美国的规则为主。“互联网+”、移动互联网发展迅速的今天，仍然以规范调整“电子数据交换”“数据电文”为要旨的联合国国际贸易法委员会《电子商务示范法》来命名我国电子商务法，与着力解决价格欺诈、消费者个人信息泄露、假冒伪劣、监管缺位等问题的诉求相距甚远。

从国内立法实践来看，全国人大常委会公布的《网络安全法》，指向的是“网络安全”这一基本属性，调整的对象是“建设、运营、维护和使用网络，以及网络安全的监督管理”，“网络安全”和“网络安全法”符合大众的基本认知，调整对象和适用范围定义清晰明确、争议较小。交通部通过的《网络预约出租汽车经营服务管理暂行办法》，调整对象明确指向的也是“从事网络预约出租汽车经营服务”。工商总局在《网络商品交易及有关服务管理办法（征求意见稿）》起草说明中提出，“规章内容包含对网络商品交易及有关服务的主体、客体和行为三方面的规范。为准确概括规范内容，将规章名称修改为《网络商品交易及有关服务管理办法》”。最终公布的规章名称为《网络交易管理办法》，“网络商品交易”定义为“通过互联网（含移动互联网）销售商品或者提供服务的经营活动”，内涵和外延较先前的暂行办法进一步扩大。文化部制定《互联网文化管理暂行规定》，把互联网文化活动界定为“提供互联网文化产品及其服务的活动”，调整对象明确为“从事互联网文化活动”。国家税务总局颁布《网络发票管理办法》为电商征税提供法律保障。上述法律和规章规定的特征有3点：一是在法律名称上具有相对一致性的特点，即都有“网络”题眼，显然不是盲目为之。二是法律调整对象上都是对网络交易、预约出租车、文化等行为的规范。三是基本结构清晰。法律综合性强，具有较高的稳定性和延续性，其基本结构是“网络+属性”，部门规章的基本结构是“网络+行业”，都没有止步于国外“电子商务法”的立法实践和定位。

综上所述，《电子商务法》在调整对象上有“规范‘电子商务企业’主体法”的痕迹，立法构造上没有按照“网络+属性”或“网络+行业”搭建体系，在移植法律上有止步于“电子数据”的痕迹，可能会造成国内法与国际法规范、规章文件与电商立法的割裂问题。网络产业作为一个新兴产业，发展速度迅猛，行业业态创新也十分快，“互联网+”时代，电子商务治理模式比较难适应互联网产业融合创新的新需求，与其他较为成熟的民商法领域不同，境外包括美国等网络发达的国家，其网络法律也是新兴领域，很多法律规则也在变动探索过程中。因此，我国电商立法既应遵循网络立法规律，更要按照我国网络产业发展特点、实际问题以及互联网本身的规律来进行法律设计，在注重与既有法律体系的融合基础上进行科学的法律移植，真正成为最有可能超越以往法律移植老路子、创造法律规则、技术标准、经营规范的立法领域。

## 二、“电子商务”不是电商立法的本质或主要形态

问题是立法的导向，电商立法的呼声年头已久。早在2000年九届人大三次会议上，上海代表团张仲礼代表就提出了“关于制定我国电子商务法的议案”，2012年全国“两会”上，民盟、民建以及全国工商联等提交了关于《促进电子商务立法》的提案，呼吁出台统一法律规范促进电子商务发展。同年，电子商务法被列入第二类立法项目。简单来看，电商立法经历了一个从解决“数据电文引发的电子合同、电子签名、网络信息保护等法律合法性和不确定性问题”，发展到认定划分网络经营平台责任，维护网络公平竞争，实施“互联网+”，保障创业创新，推进分享经济等多方面、多领域拓展的演变。规范电子商务，促进电子商务发展是社会共识，但已披露的信息提出要出台“电子商务法”，事实上也造成了《电子商务法》是“电子商务企业法”，还是“电子商务行为法”的疑惑。

法律名称是准确反映法律调整对象的重要因素，不是无关紧要的事情。明确规定电子商务法律的调整范围，即法律所调整和规范的社会关系，是电商立法的基础工作。就立法技术和立法原则而言，每一部法律因调整和规范的社会关系不同，调整范围也会因此不同。《电子商务法》草案的调整对象和范围，仅限“通过互联网等信息网络进行商品交易或者服务交易的经营活动”。对这一规定，应从以下几个方面理解：信息网络包括互联网、移动互

联网等；商品交易包括有形产品交易和无形产品交易（如数字产品）；服务交易是指服务产品交易；经营活动是指以营利为目的的商务活动，包括上述商品交易、服务交易和相关辅助经营服务活动。可见，草案没有仅仅调整商品交易、服务交易活动，而是将无形产品交易，以及为商品交易、服务交易提供相关辅助服务的经营活动也纳入本法的调整范围。草案同时规定“法律、行政法规对商品交易或者服务交易有特别规定的，适用其规定。涉及金融类产品和服务、利用信息网络播放音视频节目以及网络出版等内容方面的服务，不适用本法”，这实际上是排除了对金融类产品和服务、利用信息网络播放音视频节目以及网络出版等内容的适用。草案重在梳理明确电子商务、网络交易、网络平台、权益保障和法律责任等法律关系，“网络交易”相比较“电子商务”更具有包容性和专业性，更符合互联网分享经济的特点。在立法定义法的名称上，应该使用“网络交易”上位概念来明确立法的调整对象。

《电子商务法》的名称不能涵盖网络交易的调整范围，滞后于“互联网 +”的发展形势。电子商务的定义非常多，一般认为电子商务是指通过使用互联网等电子工具进行的商务贸易活动。该定义突出了“电子化的商务活动”，强调的是“电子的工具性”，包括计算机、计算机网络、移动通信等。“电子商务”呈现出电商“主体法”和“工具法”的特征，与“电子商务”相对应的“网络交易”突出“从事网络商品交易及服务交易”，强调的是“网络的分享性（社会形态）和价值型（经济形态）”，在主体上突破了“工具性电子”的范畴，包含了网络交易的服务提供方、经营者、网络交易平台和消费者等各相关方，实现了从“主体法”“工具法”向“网络交易法”的转变，更符合“互联网 +”的特性。此次《电子商务法》草案也是将电子商务定义为“通过互联网等信息网络进行商品交易或者服务交易的经营活动”。全国人大财经委前期 16 项调研课题，涵盖了“监管体制、市场准入与退出、数据电文和电子合同、支付、在线知识产权保护、税收、纠纷解决机制、消费者权益保护、电子交易信息安全保障、跨境电子商务、产品质量监管、快递与电子商务协调发展、电子商务可信交易环境”等诸多领域，事实上电商立法围绕的是“网络交易活动”整个流程来确定其调整范围，而不只是“电子商务”这一个问题。草案在名称上使用了“主体法”和“工具法”的《电子商务法》，内容上实际是规范网络交易的“网络交易法”“网络商务法”，事实上造成法律名称与内容结构两者出现裂缝，割裂了网络交易的有机整体。

## 三、电商立法要兼顾“商品＋服务”交易规则，体现网络特性

在规范主体上，争论比较多，一些人认为只应当规范商品类电商平台，提出“电商平台不应包括除了货物电商之外的其他服务业电商平台”，其实质是商品交换价值主导下的法律规则构建，比如“7 天无理由退换货”，而一个不愉快的旅游行程是无法退货的；还有“按照收集书证物证规则调查取证”“以违法行为地实行属地管辖”等，都是按照规范商品交易行为的思路制定的法律规则。电商立法需要考虑的是：

### （一）包括旅游在内的服务与一般网络交易来自商品实物不同

商品和服务是一体两翼，商品主导关注的重点是交换价值，消费者支付货款后，商品所有权随之发生转移，消费者取得商品的所有权和使用价值，即可完全占有该商品，并可能会毁灭和消费商品。而包括旅游在内的服务关注的重点是使用价值，服务价值不是在游客支付费用后立即实现的，只能在一定情景下对旅游产品暂时获得使用权、游览权。旅游产品交易的本质是服务，这与一般网络交易来自商品实物不同，规则设定上应该有所侧重区分。

### （二）现行电商立法疏于对“服务类交易”流程的梳理

基于商品交换价值主导下的法律规则，尤其是商品可被有效地储存起来，并将产品通过运输（快递）途径来送往异地销售，现行法律在调查取证上规定了“面对面”的现场检查、勘验，以及采取抽样和先行登记保存的“实物”证据收集方式，但很难基于互联网的数据性、无形性、跨地域性制定完备的“网络”调查取证方式；在行政处罚种类上规定了“责令停产停业、暂扣或者吊销许可证、暂扣或者吊销执照”，但很难基于互联网特性针对“服务类交易”创设新型的处罚种类，相反给执法人员调查取证造成了实际困难；在交易规则上，草案能够规定“快递物流服务提供者在服务过程中发生延误、丢失、损毁或者短少的，应当依法赔偿”，以及“电子商务经营主体应当依法办理工商登记”等，但基于电商平台特性尤其是针对“服务类交易”现实问题，比如“虚构交易、虚标成交量、虚假评论或者雇用他人等方式进行欺骗性销售诱导”等来采取措施打击不正当竞争的规则应该占据更大比例。

### （三）包括旅游在内的服务出现问题的核心是法律规则设置和旅游服务自身短板

目前，除了已经实现标准化的机票酒店外，大量的包价旅游产品以及部分消费购物、自费项目并不是标准化的产品，旅游电商平台重点还是在产品销售、价格竞争上获得应有的利润，落地服务还是由“食、住、行、游、购、娱”的旅行辅助服务商来提供，所以很难管控行程中的地接社、旅行辅助人、导游的服务质量，没有把大量碎片化的游客需求和旅游服务串联起来，也不能再造流程为游客服务提供“闭环”的保障，寄希望通过在线点评、信用评级来监督旅游服务，实践中又遇到“刷单”等问题，并且这些问题现阶段比较难通过技术弥补，导致旅游者感觉除了在线预订的便捷、产品比价之外，旅游服务还是传统的服务、问题还是那些问题。现行法律尤其是线下的努力，比如处罚旅行社违规、保障导游权益、签订旅游合同、抵制“不合理低价”，线上规则基本没有触及。因此，网络交易的问题还是出在法律管理机制和旅游服务本身上。

综上，电商经营主要包括商品和服务两大类，“商品＋服务”的中间形态也越来越成为网络产业发展方向，单独设置网络商品交易规则，搁置网络服务交易规则会让大量电商平台陷入无法可依的状态，草案认可的也是“通过互联网等信息网络进行商品交易或者服务交易的经营活动”，这个定义是符合电子商务、网络产业发展实际的。规则设置要体现网络交易特性尤其是要从旅游、文化等服务的流程上实行再造，这是电商立法的重要方向，各个部门行业的法律规章着力点更应从这个方向上深耕细作，而不是在主要内容上复制《侵权法》《消费者权益保护法》等法律规则，呈现大量的重复规定和原则，造成实践中遇到大量棘手问题无从下手的局面。

## 四、执法制度设计要注意网络交易行为的虚拟特性

前文已经阐述过，现行法律是商品交易规则主导下的制度设计，强调“实物书面证据”和“面对面的现场检查”，面对“旅游＋”“互联网＋”，现行法律法规存在一定的不匹配性，使得行政监管与具体执法工作法律依据不足。

### （一）行政处罚种类需要创新创设

我国《行政处罚法》规定的法定处罚包括："警告，罚款，没收违法所得或非法财产，责令停产停业，暂扣或者吊销许可证件、暂扣或者吊销执照，行政拘留"6种。比如，因一个违法行为被判定责令停业整顿，对于传统旅行社来说比较好实施，若电商平台被认定有责，暂时关闭整个电商平台是不是"权责相符"？再比如，电商平台作为虚假广告的媒介者、发布者，假使给予最高50万元处罚，其实与它的负面效应、非法获益相比未必权责相符。需要注意的是《行政处罚法》允许法律和行政法规创设新的处罚种类。目前行政处罚种类创新的非常少，主要还是延续现有法律规定和罚则。因此，处罚种类上要考虑设定"功能性处罚"，重在让违规平台改正行为，在处罚标准上要与行为性质、危害程度相适应，这些都需要做出一些比较明确具体的规定。

### （二）违法行为地认定和管辖要创新创设

基于一般商品交易，经营者与消费者、经营者与商场卖场的属地比较好认定，因此，《行政处罚法》规定，行政处罚由违法行为发生地的县级以上地方人民政府具有行政处罚权的行政机关管辖。而在网络交易领域，网络的开放性、分享性、虚拟性决定了它与传统商品交易的本质区别，经营主体通过网络平台发布经营信息，经营者归属地往往与电商平台不一致，属地管理的面对面现场检查规定与互联网的跨地域非现场交易之间的冲突就凸显出来，即以地域为要素的市场主体审批、市场行为监管的属地管辖模式必然无法适应"互联网+""旅游+"下的新业态。对于这一情况，违法行为地认定、管辖权争议都应按照"互联网+"的发展形势，从法律法规层面进行明确创新。

### （三）调查取证制度需要统一和重新设计

"互联网+"下的交易行为主要在虚拟网络空间完成，要判定网络行为是否违法和把网络交易行为固定为电子证据，现行的调查取证制度需要根据网络经济特点进行重新设计。第一，查处线下违法行为，可对有关财物采取封存、扣留、先行登记保存证据等强制措施，但线上却不是简单地扣留、封存计算机就能锁定证据链。第二，网络交易行为可以通过技术手段进行篡改增删且不留痕迹，呈现在执法人员面前的"证据"，可能是对交易行为的真实反映，也可能是经过修剪过的“伪证”，所以无法单独判断其违法与否。第三，监管部门获取证据能力非常有限，如日常检查在网络上搜索发现或者旅游者投诉举报截图而来，还没有能力和手段对一个完整的网络经营行为进行搜集，即使取得证据，证据的合法性也会存疑。因此，继续以现有的针对商品交易、实体经济的法律去解决服务交易、网络经济的问题，已不能从根本上化解矛盾，需要着重从立法角度根据互联网规律，赋予管理部门建立一套与电商平台互联互通的、具有交易行为记录、证据保全功能的线上政务监管平台，明确电商平台和政务监管平台数据传送的权利义务，真正遵循“互联网+”“旅游+”和网络经济发展规律，以创新的思路解决电商监管的问题。

## 五、以网络交易参与程度和身份角色来划分平台责任

总体来说，网络交易平台在高速创新的道路上，自身平台性质认定形式多样，甚至相当混乱，尤其是与现行法律之间的关系扑朔迷离，造成消费者维权、政府监管和司法救济的困惑。“理解监管追赶创新的难度”是企业发出的声音，从侧面也反映出监管层面对网络交易平台性质认定与企业技术创新、金融创新方面需求上的差距以及关注点的不同。《中华人民共和国电子商务法（草案）》对一些争议问题给予了正面回应：

### （一）草案区分了一般的电子商务经营者和电子商务第三方平台

要求电商平台应当以显著方式区分标记自营业务和平台内经营者开展的经营业务，不得误导消费者。换言之，无论是自建网络交易平台的B2C还是第三方网络交易平台以及“平台+OTA”，只要单笔交易或具体产品中涉及直接向旅游者或者其他经营者销售产品或提供服务，涉嫌违法违约侵权的，就是承担行政责任和民事责任的主体。因此，有必要强化网络交易平台自觉披露平台自身性质的法定义务。电商平台不能以“技术创新”“最领先”等模糊性语言来认定自己的企业性质。

### （二）草案确立以旅游经营者承担责任为主，法定情况下平台承担责任为辅的责任体系

草案指出，商品生产者、销售者应当对其提供的商品质量负责，服务提

供者应当对其提供的服务质量负责。电子商务第三方平台不能向消费者提供平台内经营者的真实名称、地址和其他有效联系方式的，消费者可以要求电子商务第三方平台先行赔偿；电子商务第三方平台向消费者赔偿后，有权向平台内经营者追偿。换言之，如果是直接向旅游者或者其他经营者销售旅游产品或者提供服务、平台主导或者共同故意实施的，平台应当承担责任。如果客观上为别人直接侵权行为的发生提供了必要的条件，比如成为“不合理低价”广告推荐者、发布者，构成共同实施违法违约侵权行为的也要承担责任。如果平台事先未尽到注意义务，无法提供旅游经营者联系信息的或提供信息虚假的，平台也要承担责任。

### （三）草案着重对第三方平台的“第三方责任”

草案作出规定：要求其对经营者进行形式审查，提供稳定、安全服务；应当公开、透明地制定平台交易规则；遵循重要信息公示、交易记录保存等要求；平台退出的要求。有观点认为，电商企业比传统企业做得更好，平台既非经营者也不是监管机构，无法对海量的企业和商品实施监管，不能要求网络平台履行类似于国家行政机关审核管理“旅行社许可经营行业资质”的职责，实质上第三方平台在技术上有能力、在合理审查上有义务概括性排除一些非法经营行为，比如个人经营必须许可审批业务的生存空间。因此，草案还是认定，电商平台需要对申请进入平台销售商品或者提供服务的经营者身份、行政许可等信息进行核查和登记，建立登记档案，并定期核验更新。换言之，如果违反对用户合理的注意义务，应该对用户承担过错责任。当消费者与商家发生争议时，第三方平台应当积极协助消费者维护自身合法权益。

# 如何界定网络交易平台的法律责任

［摘要］2015年6月15日，国家发改委发布《关于〈禁止价格欺诈行为的规定〉有关条款解释的通知》（发改价监〔2015〕1382号），明确第三方网络交易平台法律责任。通知称，第三方网络交易平台不直接向消费者或者其他经营者销售商品，不属于禁止价格欺诈行为的违法主体。但有下列情形之一，应当认定第三方网络交易平台构成价格欺诈行为的主体：第三方网络交易平台在网站首页或者其他显著位置标示的某网络商品经营者所销售的商品价格低于该网络商品经营者在商品详情页面标示的价格的；第三方网络交易平台声称网站内所有或者部分商品开展促销活动，但网络商品经营者并未实际开展促销活动的；第三方网络交易平台提供的标价软件或者价格宣传软件等强制要求网络商品经营者进行虚假的或者引人误解的价格标示的。第三方网络交易平台与网络商品经营者共同开展促销活动，并共同进行了价格标示、促销宣传，如果其价格标示、促销宣传虚假或者引人误解，则第三方网络交易平台与网络商品经营者构成价格欺诈行为的共同违法主体。

旅游部门在处理网络交易平台涉嫌违法违约侵权案件时，可以获得哪些启示？笔者围绕网络交易平台最容易引起的几点争论试做分析，供读者批评指正。

《最高人民法院关于审理食品药品纠纷案件适用法律若干问题的规定》（法释〔2013〕28号）第九条规定：消费者通过网络交易平台购买食品、药品遭受损害，网络交易平台提供者不能提供食品、药品的生产者或销售者的真实名称、地址与有效联系方式，消费者请求网络交易平台提供者承担责任的，人民法院应予以支持。网络交易平台提供者知道或者应当知道食品、药品的生产者、销售者利用其平台侵害消费者合法权益，未采取必要措施，给消费者造成损害，消费者要求其与生产者、销售者承担连带责任的，人民法院应予以支持。

《消费者权益保护法》第四十四条规定：消费者通过网络交易平台购买商品或者接受服务，其合法权益受到损害的，可以向销售者或者服务者要求赔偿。网络交易平台提供者不能提供销售者或者服务者的真实名称、地址和有效联系方式的，消费者也可以向网络交易平台提供者要求赔偿；网络交易平台提供者明知或者应知销售者或者服务者利用其平台侵害消费者合法权益，未采取必要措施的，依法与该销售者或者服务者承担连带责任。

发改委出台禁止价格欺诈规范性文件的重要意义在于，确立了网络交易平台承担价格欺诈责任的认定标准，提出了解决困扰执法实践，即如何处理平台违法行为的具体路径，为相关执法部门查处平台违法行为提供了借鉴。但受部门职能的限制，其局限性也是显而易见的，即网络交易平台的违法性仅仅是价格欺诈，如果平台从事了其他违法行为，比如虚假宣传，是否可以引用类似标准进行查处？下一步，如何理解和认定网络交易平台的法律责任，发改委的规范性文件、最高法的司法解释和新《消费者权益保护法》从行政和民事规范的角度给出了思路性答案。

## 案例索引

1. 某第三方旅游网络平台在其网站显著位置标示“云南大理丽江拉市海6天5晚1499元纯玩团”，游客王女士被诱人的价格所吸引，可当她点击进入该商品详情页面并支付账款时却发现价格已经变为1699元。王女士感觉受到愚弄，遂向当地旅游质监所投诉。

2. 刘先生为自己一家五口在某旅游网络平台上预订了泰国曼谷当地一日游，行程包括酒店接送、中文导游服务。抵达目的地后，事先约定的酒店接送改为自行前往，刘先生于是联系卖家解决，但网店所留的电话、邮件等均联系不上。刘先生于是向旅游网络平台的客服电话投诉，客服核实后表示，对方提供的验证证件系假冒，他们已于第一时间关闭了这家网店，表示会将卖家已缴纳保证金先行赔付给刘先生，至于刘先生所遭受的其他损失应由卖家承担。

## 一、发改委禁止价格欺诈规范性文件与“新消法”、最高法司法解释对规范“网络交易平台”的区别

### （一）“网络交易平台”表述不同

发改委禁止价格欺诈通知以“不直接向消费者或者其他经营者销售商品”为界限，将网络交易平台限定为“第三方”，反映价格监管部门认定第三方网络交易平台并非合同双方当事人，从而也不应承担行政责任的治理思路。从侧面也说明，网络交易平台不是交易当事人，若网络交易平台是直接向消费者或者其他经营者销售商品的经营者，其就不应当是第三方，而应视为经营者受禁止价格欺诈规定的约束。

“新消法”没有区分第三方网络交易平台和网络交易平台，明确把网络交易平台与销售者或者服务者区分开来，等于认定网络交易平台只是交易的载体，但不能据此认为“新消法”和最高法司法解释否定网络交易平台可直接作为责任主体的可能，其对交易平台责任的规定包括先行赔付和连带责任两方面。

### （二）不同的法律责任和救济体系

发改委禁止价格欺诈的规范性文件主要体现在行政处罚上，治理的是价格欺诈，构建了第三方网络交易平台原则上不承担法律责任，四种特殊法定情形下成为价格欺诈行为主体和共同违法行为主体的行政责任。

“新消法”与最高法司法解释一脉相承，规定消费者由于经营者、网络交易平台的合同或侵权行为造成的损害，旅游者可以提起民事诉讼获得民事赔偿，构建了网络交易平台在“不能提供销售者或者服务者的真实名称、地址和有效联系方式”时承担先行赔付责任，以及“明知或者应知销售者或者服务者利用其平台侵害消费者合法权益，未采取必要措施”时承担连带赔偿的民事责任体系。

## 二、旅游网络交易平台担责分担

总体来说，网络交易平台在企业性质认定上形式多样，甚至相当混乱。

笔者综合几大旅游网络交易平台的企业自我认定发现，主要有“无线和在线旅游平台”“在线搜索旅游平台”“为消费者提供旅游产品预订服务”“综合性旅行服务公司”“新型 B2C 旅游电子商务网站”以及“休闲旅游在线服务商”等几类。还有的称自己为 OTA——Online Travel Agent 或 OTO——Online To Offline。

上述企业自我认定的法律性质，不仅使得各级旅游监管层面存在认定困难，其专业人士的认识也不尽相同。可以说，网络交易平台在自我创新的道路上，将自身的定位与现行法律之间的关系搅得愈加模糊，从而使网络交易平台的法律性质认定变得相当复杂。“理解监管追赶创新的难度”是企业发出的声音，从侧面也反映出监管层面对网络交易平台性质认定与企业技术创新、金融创新方面需求上的差距以及关注点的不同。在现行法律下，需要确定的几点是：

### （一）网络交易平台为 C2C 经营旅游业务提供便利是违法的

首先需要注意的是，《旅游法》明确规定，“从事招徕、组织、接待旅游者，为其提供旅游服务，应取得旅游主管部门许可”，个人通过第三方搭建的网络交易平台向旅游者提供旅游服务（Consumer To Consum-er，C2C）应认定是违法行为。平台无论如何推动创新，个人经营旅游业务都是违法的。虽然有观点认为，不能要求网络平台履行类似于国家行政机关审核和管理旅行社许可经营行业资质的职责，但旅游网络交易平台在技术上有能力、在合理审查上有义务概括性排除个人经营旅游业务的生存空间。

### （二）网络旅游交易平台三种主要经营模式

从旅游交易平台的实际运作和经营管理来看，现行在线旅游模式，主要是旅行社企业或代理商通过自己建立的或第三方搭建的网络交易平台向旅游者提供服务，行业通称 Busi-ness-to-Consumer（B2C）。即自建网络交易平台和第三方旅游网络交易平台。当然，随着在线旅游市场的发展，不少自建网络交易平台的 OTA 也作为第三方旅游网络交易平台，向旅游者提供旅游产品预订服务。可以说，旅游网络交易平台和 OTA 之间的界限越来越模糊，“平台 +OTA”呈现融合趋势。

### （三）网络交易平台承担法律责任主体的四种形式

分析现行法律、最高法审理食品药品纠纷司法解释和发改委禁止价格欺诈的规范性文件，可以划分为四种责任方式：

1. 不承担行政和民事责任。虽然网络交易平台提供的服务与买卖双方交易能否实现紧密相关，但其所承担的责任并不能因买卖交易主体双方的义务而产生。因为平台是独立于买卖交易关系的第三方，只是为买卖双方提供交易载体或者说仅提供信息交流平台的功能，并不直接向消费者或者其他经营者提供服务。

2. 直接承担行政和民事责任。无论是自建网络交易平台的 B2C 还是第三方旅游网络交易平台以及“平台 +OTA”，只要单笔交易或具体案件中涉及直接向旅游者或者其他经营者销售产品或提供服务，涉嫌违法违约侵权的，就是承担行政责任和民事责任的主体。

3. 本来不是责任主体，但因出现法定事由发生责任转化。比如平台宣传标示价格低于经营者标示价格、平台声称开展促销活动经营者实际未开展、平台强制经营者进行虚假或者引人误解的价格标示。又比如平台不能提供销售者或者服务者的真实名称、地址和有效联系方式，要承担先行赔付责任。

4. 共同违法主体和承担连带责任。通常认为，共同行政违法行为是指两个行政相对人共同故意实施的行政违法行为。其构成要件是：行为人为两个以上，所实施的违法行为是同一个，行为人之间存在着共同故意。由于平台与经营者共同开展促销活动，共同进行宣传虚假或者引人误解的价格标示、促销宣传，符合价格欺诈共同行政违法行为的构成要件，因此是违法行为的共同违法主体。一般侵权行为的民事责任构成要件是：违法行为、损害事实、因果关系和主观过错。依据连带责任产生的原因不同，可以将连带责任划分为法定连带责任和约定连带责任。网络交易平台知道经营者利用其平台侵害他人民事权益、未采取必要措施的，此种情况下构成共同侵权，平台应与该旅游经营者承担连带责任，这种责任属于法定连带责任。平台不能自行予以排除这种责任。

回到上文的案例中，根据发改委禁止价格欺诈的规范性文件和“新消法”的规定，网络平台应承担价格欺诈违法责任，刘先生有权要求平台承担赔偿责任。案例虽简单，但在具体案件的违法事实、证据认定上，依然存在诸多值得研究的问题。

## 三、对旅游网络交易平台规范经营和旅游市场执法带来的启示

### （一）确立以旅游经营者承担责任为主，法定情况下平台承担责任为辅的责任体系

需要明确的是，现行法律、最高法司法解释以及发改委规范性文件在网络交易平台责任上规定，旅游者以网络交易平台的方式接受旅游服务，权益遭受损害时，主要应由旅游经营者承担责任，例外情形由平台承担责任需要法律判定。网络交易平台是否承担违法责任，以实施违法行为是否平台主导或者共同故意实施违法行为以及是否直接向旅游者或者其他经营者销售产品或提供服务为判断标准。直接向旅游者或者其他经营者销售旅游产品或者提供服务、平台主导或者共同故意实施的，平台应当承担行政责任。网络交易平台是否承担侵权责任应以其是否违反了法定或约定义务，且主观上是否有明知或应知为判断标准，以及是否直接向旅游者或者其他经营者销售产品或提供服务为判断标准，有明知或应知则承担民事责任，无明知或应知则不承担民事责任。

### （二）平台要承担行业自律与信息披露责任

网络交易平台需要自觉披露平台自身的性质。是不直接向旅游者提供旅游产品仅提供交易平台的第三方平台，还是直接向旅游者提供旅游产品的经营者？还是既作为网络交易平台，同时也销售自己经营的旅游产品？平台不能以“技术创新”“最领先”等模糊性语言来认定自己的企业性质。作为第三方网络交易平台，一是应向旅游者、向公众披露整个企业的经营性质以及单个旅游产品或旅游线路的供应商，明确旅游合同相对方；二是应在其网站主页的显著位置标明业务经营许可证信息，保证发布的旅游经营信息真实、准确，避免纠纷出现时，经营主体、责任主体模糊不清、互相推诿甚至逃避责任。

### （三）平台要履行合理注意义务

合理注意义务突出体现在两方面。一是受通知规则约束。旅游执法部门或被侵权人通知网络交易平台提供其发布旅游经营信息或采取必要措施后，平台有义务采取必要措施以避免违法行为持续或损害的扩大。平台事先已尽到注意义务，能提供旅游经营者的真实名称、地址和有效联系方式的，平台可以免除“先行赔付”责任；平台事先未尽到注意义务，无法提供旅游经营者联系信息的或提供信息虚假的，平台要承担先行赔付责任。二是受“知道”规则约束。知道或者应知道旅游经营者利用其平台侵害他人民事权益时，未采取必要措施以避免损害的发生或扩大，对该损害应与旅游经营者承担连带责任。同时，平台与旅游经营者有恶意串通、共同违法的行为，共同承担行政责任。

### （四）区分旅游交易平台经营模式，实施分类监管

不同业务经营模式的网络交易平台，其法律性质不同，在责任认定上也会有很大区别，具体案件查处上要注意加以区分。对直接向旅游者或者其他经营者销售产品或提供服务的网络交易平台，其就是交易一方的主体，应对其以旅游经营者身份从事违法违约侵权行为承担责任；对不直接参与销售的网络交易平台，由于其不是网络交易的一方主体，也不是交易行为的直接实施者，其并不因为网络用户的违法违约侵权行为而自动承担责任，只能在法定情形、不履行合理审查义务，或者共同实施违法违约侵权行为情况下才承担责任。同时，不同经营模式的网络交易平台在资质审核、信息披露、合理审查等方面应受不同的通知规则、知道规则约束。

### （五）旅游部门要主动发声，寻求制度性规范平台

发改委的规范性文件在内容上偏向规范商品，缺乏服务产品价格欺诈的特性。比如，网络平台出现以不合理低价招徕游客的，责任主体如何认定仍然值得探讨。在形式上如何回应行政相对人关于该规范性文件法律位阶、法律效力较低的问题。此外，虽然《侵权责任法》《消费者权益保护法》和最高法的司法解释不少条款已经涉及网络交易平台，但涉及旅游网络交易平台的问题，诸如订单取消、退票费高、虚假宣传仍待出台更多可操作的管理规范。

因此，当前亟待出台一部系统性法律法规规章，明确网络交易平台的法律性质，尤其要注意区分不同平台经营模式下的责任差异，明确卖方、买方、交易平台的关系。在责任体系上应构建网络交易行为的民事、行政、刑事责任体系，明确平台合理审查义务和禁止性行为，从而实现民事、行政、刑事三位一体，对买家、卖家、交易平台予以规范。

# 旅游电商应对不可抗力解除出境游合同的实务分析

[**摘要**]中国是全球最大的出境旅游市场，春节、国庆等黄金周期间更是出境游的高峰。以往只是出现在新闻上的国外政局动荡、恐怖袭击、重大疫情、自然灾害，现在的情况是：一旦出境旅游目的地发生突发事件，很多本来打算出境游的游客会取消出行安排，已经预订出行的游客会考虑取消行程，在行程中的游客会想提前返程，由此产生的费用返还和赔偿纠纷会接踵而至。可见，伴随大众化出境旅游的到来，境外旅游目的地安全问题已经与普通游客出行紧密相连，出境旅游已不是“茶余饭后”的消遣，已经成为一个法律专业领域。这其中分歧点是出境游合同变更（解除）是不可抗力还是单方违约？笔者梳理发现，在同一家电商，同样因为境外安全因素取消合同，电商等旅游企业费用退还的做法并不一致。那么我们该如何认定出境游不可抗力？

## 案例索引

1. 目的地发生恐怖袭击电商取消行程

游客甲某2015年11月11日在A电商预订了2016年1月21日赴亚欧中东12日游。A电商于2016年1月14日电话通知甲某，因行程中的某地发生恐怖袭击，考虑游客安危劝退。游客甲某和家人商量后回复A电商决定按原计划出行，不同意退团，但是之后A电商平台强制取消该行程，要求游客甲某退团。A电商提出愿意全额退还旅游费用，但并未提交违约金问题。

游客甲某诉称：外交、旅游等部门并没有发布建议或者暂停游客前往旅游目的地的信息，民航部门没有暂停国内飞往目的地的航班，A电商自行决定取消该行程是单方违约行为。根据合同补充违约条款：行程前1日至7日取消行程的，A电商应退还全额旅游费用，支付旅游费用总额10%的违约金。

A电商辩称：在恐怖袭击的影响下，游客在旅游目的地失去安全感。基于游客考虑，众多旅行社已纷纷下架或取消行程，我们也做出相关预案予以跟进。

2. 目的地发生重大疫情游客要求退团

游客乙某一家于2015年5月10日在A电商预订了6月16日赴北亚出境6日自由行。因行程中的某地突发疫情，游客乙某于5月27日与A电商协商退团或者延期出行。A电商不同意延期，并回复游客乙某退团要承担机票全额损失，可以退还住宿等其他费用。

游客乙某诉称：目的地疫情已经达到警戒状态，已构成不可抗力，为什么还要游客承担所有损失？

A电商辩称：世界卫生组织、外交、旅游、卫生等主管部门并未针对此疫情发布旅行或者贸易限制措施，并非不可抗力因素，拒绝全额赔付。若坚持退团，按照已经签订的合同，机票不能退改签、签证也已产生费用，游客要承担全额损失。

## 一、分析

上文案例的焦点是外交、旅游、卫生等部门发布的出行“提示、提醒”是否不可抗力的认定依据，电商等旅游企业和旅游者能不能以“安全为由”取消行程，取消行程后应如何划分责任。

### （一）校正“只要是不可抗力，合同就一切清零”的误解

一些旅游者、电商企业包括舆论导向认为，一旦认定了不可抗力，合同就解除了，游客就可以要求旅游电商将所有参团费用“一股脑儿”地退还，电商只要退还游客全额旅游费用就可“万事大吉”。这种误解后续都出现了一些旅游投诉纠纷，并且双方往往会将纠纷得不到解决的原因归责于相关主管部门不作为，不理解为什么不发“一纸文件”认定突发事件是不可抗力。那么，法律究竟是怎么规定的？《合同法》第一百一十七条第一款规定：“因不可抗力

不能履行合同的，根据不可抗力的影响，部分或者全部免除责任，但法律另有规定的除外。当事人迟延履行后发生不可抗力的，不能免除责任。”其要旨是：因不可抗力不能履行合同，并不自然的是概括性免除全部责任，而应根据不可抗力的影响范围和区域，部分或者全部免除责任。第一百一十八条规定：“当事人一方因不可抗力不能履行合同的，应当及时通知对方，以减轻可能给对方造成的损失，并应当在合理期限内提供证明。”因不可抗力造成合同不能履行的，当事人需履行三项义务：第一，应及时将不可抗力发生的相关信息通知对方，以便让对方有时间采取措施避免或者减少损失，否则因此增加的费用由该当事人承担。第二，应及时采取必要的措施，停止或协商减免向地接社或者履行辅助人支付费用，造成旅游者滞留应当采取相应的安置措施，减少不可抗力对合同的影响。第三，应在合理期限内向对方提供不可抗力发生的证明材料，用来证明不可抗力发生的时间、地点、程度等情况造成合同不能履行。

### （二）解除合同后法律认定的电商等旅游企业赔付标准的差别

《旅游法》第六十三条第一款规定：“旅行社招徕旅游者组团旅游，因未达到约定人数不能出团的，组团社可以解除合同。”同条第三款规定：“因未达到约定的成团人数解除合同的，组团社应当向旅游者退还已收取的全部费用。”第六十五条规定：“旅游行程结束前，旅游者解除合同的，组团社应当在扣除必要的费用后，将余款退还旅游者。”第六十七条规定：“因不可抗力或者旅行社、履行辅助人已尽合理注意义务仍不能避免的事件，影响旅游行程的，按照下列情形处理：合同不能继续履行的，旅行社和旅游者均可以解除合同。合同不能完全履行的，旅行社经向旅游者做出说明，可以在合理范围内变更合同；旅游者不同意变更的，可以解除合同。合同解除的，组团社应当在扣除已向地接社或者履行辅助人支付且不可退还的费用后，将余款退还旅游者；合同变更的，因此增加的费用由旅游者承担，减少的费用退还旅游者。”其要旨有三：第一，原则上，单方解除合同是违约行为，提出解除合同一方承担违约责任。第二，出现成团人数不足、不可抗力等法定解除事项，旅游者和电商等旅游企业享有合同解除权，双方均无须对此承担违约责任。第三，费用划分上，通常情形旅游企业违约取消合同，旅游企业应退还费用并承担违约责任；旅游者违约取消合同，旅游企业应当在扣除必要的费用后，将余款退还旅游者。发生不可抗力，电商等旅游企业应扣除已向地接社或者履行辅助人支付且不可退还的费用后，将余款退还旅游者。综上所述，虽然旅游者取消合同违约和不可抗力取消合同免责的法律性质认定不一，但费用退还标准并没有显著差别，都是要将已发生的费用扣除。区别在于，非因成团人数不足、不可抗力等法定事项，电商等旅游企业解除合同要多承担一个“违约责任”。

### （三）应对不可抗力的法律规定、司法实践以及域外经验

《民法通则》第一百五十三条和《合同法》第一百一十七条第二款对不可抗力定义为“不可抗力是指不能预见、不能避免并不能克服的客观情况”。不可预见是指事件的发生不以人的意志为转移，双方当事人都无过失、疏忽或故意且不能预见，不能避免是指采取任何措施都无法避免，不能克服是指对该事件的后果无法加以克服。上述条款只是概括性地规定了不可抗力的内涵范畴，即合同双方不能预见或已尽合理注意义务仍不能避免的事件，实践中直接套用的可能性不高。这也增加了管理部门出具“一纸证明”的难度，造成司法实践认定不可抗力的案例标准不一的问题。从香港地区的经验来看，其对恐怖袭击发布的黄色旅游警示（目的地对游客有威胁迹象），采取的措施是不强制取消已报名的旅行团，已在途的旅行团需要注意调整行程；其对公共疫情发布的红色旅游警示（目的地对游客有明显威胁），采取的措施是“非必要暂时不要到目的地旅游”，旅游业议会可能取消一段时期的旅游团；其对内战发布的黑色旅游警示，采取的措施是要求游客“不应前往当地”。以世界卫生组织经验为例，其呼吁游客不要前往出现埃博拉疫情的国家，但其强调不应对国际旅游或贸易发布全面禁令。上述情形表明，对不可抗力的法律认定不仅涉及公共人身卫生安全，也会是一个政治外交经济问题，从而决定了该项工作任务的复杂性。从我国有关管理部门发布的“提示、提醒、紧急提醒”来看，包括“注意安全、谨慎前往、避免前往、暂勿前往”等表述，虽然未就风险的性质进行定性，但已经具有明显的“一般严重紧急”层次区分。尤其是 2017 年 2 月 2 日，在外交部发布的安全提醒中，增加了“鉴于上述地区的特殊情况，如中国公民在‘暂勿前往提醒’发布后仍坚持前往有关国家，有可能导致当事人面临极高安全风险，并将严重影响其获得协助的实效，因协助而产生的费用由个人承担”的内容，对纠纷处理和司法实践认定不可抗力具有很强的指导意义，为建立出境旅游警示制度提供了可能。

### （四）电商等旅游企业应做好“不可抗力”的证明功课

根据我国法律规定和法律实践，电商等旅游企业要证明不可抗力，减少经营损失，必须做好几方面功课：第一，合同不能继续履行的，电商等旅游企业可以解除合同，并有责任提供载明包含不可抗力条款的旅游合同，提供有关旅游目的地突发事件新闻报道和相关国家政府部门公布的警示信息，以及不可抗力发生后及时通知对方的书面证明，提供不可抗力事件发生后尽量避免或减少对方损失的证明等。如果双方达成解除合同的意思表示，应当在扣除已向地接社或者履行辅助人支付且不可退还的费用后，将余款退还旅游者。第二，合同不能完全履行的，电商等旅游企业应向旅游者做出说明，提供在合理范围内变更合同的方案，因变更游览景点、调整行程、缩短行程等增加的费用由旅游者承担，减少的费用退还旅游者。

## 二、结论和启示

### （一）处理

回到上文案例，恐怖袭击和严重疫情的突然降临，导致甲某和乙某等旅游者取消行程，这是客观事实。A 电商因恐怖袭击取消行程，应基于相关部门做出的“避免前往”以上等级的出行提示，以及履行通知协商义务之后方可决定合同解除或变更行程。否则，就应按照法律规定和合同条款承担违约责任。游客乙某因严重疫情取消行程，同样要遵守上述规则。否则就是游客乙某违约，但在赔偿方式上，A 电商可以按照法律和合同规定扣除必要的费用后，将余款退还游客乙某。

### （二）应准确认识不可抗力的法律设计

旅游合同要最大限度维持权利义务关系，实现鼓励交易的目的。全社会应树立出境旅游风险意识，游客要理性维权，依法维护自身权益，风险不等于不可抗力，不可抗力不等于合同履行可以全部清零，免除所有责任后果。应严格限制双方将普通的违约行为往不可抗力上靠，逃避承担责任的利益驱动，维护旅游合同交易秩序。

### （三）应探索建立出境旅游警示制度

随着我国出境旅游人数的快速增长与旅游目的地国家（ADS 协议）的不断增加，出境旅游的安全问题也日益凸显。出境旅游警示作为预防和保障我公民出境旅游安全的重要手段，是对境外目的地国家发生的风险、出游服务项目的不安全因素以及出境旅游者的行为进行监控，适时发出警示，并采取防范性措施的制度。据资料显示，外交部一直在逐步规范海外安全提醒发布机制，基本建立“注意安全、谨慎前往、暂勿前往”三级提醒，根据有关目的地国家安全形势，设定常规性安全提醒，同时按照“武装冲突、恐怖袭击、自然灾害、疾病疫情和社会动荡”等事态的发展，以及对我公民威胁程度发布相应的风险预警信息，并视形势发展适时进行相应调整。下一步，建立境外旅游警示制度要基于风险程度、持续时间、波及区域等要素进行风险识别、风险分析和风险判断，从法律规章制度上明确“谨慎前往、避免前往、暂勿前往”甚至“不能前往”发布的程序、时效和性质，实行动态化监管，确保不可抗力的证明效力，为化解旅游纠纷和保障安全提供依据。

### （四）经营要灵活，企业管理要严格

对于电商等旅游企业来说，经营要灵活取决于市场需求的变化，取决于同行应对的变化，更取决于社会责任的担负。法律是刚性的，对不可抗力的认定存在旅游者的不理解和法律界定的难点盲区，但当事态已成为社会性纠纷事件，境外企业有国际惯例可循的情形下，电商等旅游企业还在设法实现利润最大化，把能争取退改签的机票规定为一概不予取消，或是多罗列不可退还的必要费用，这些都是漠视社会责任是一种短视行为。企业管理要严格首要的要求就是不可抗力执行标准要一致，不能因人而异。在管理上应建立两项制度：一是不可抗力信息披露。发生突发事件，企业应统一公开不可抗力的认定和退赔标准，向游客通知公告政府部门公布的警示信息，以及拟采取的补救措施，避免因信息不对称造成老纠纷未解决，新纠纷又不断涌来的困境。二是主动减轻旅游者的损失。能退还旅游者的必要费用，电商等旅游企业要主动与航空、住宿、景区等履行辅助人进行争取。在旅游者解除合同退还必要费用和企业解除合同承担违约责任之间，不能以不可抗力免除自身责任，不能在条款设定上显著减少自身违约责任，加重旅游者扣除必要费用的比例。

# 参考文献

[1]（英）维克托·迈尔－舍恩伯格，（英）肯尼思·库克耶．盛杨燕，周涛译．大数据时代．浙江人民出版社，2013.

[2]（美）盖尔霍恩，（美）科瓦契奇．任勇，邓志松，尹建平译．反垄断法与经济学．法律出版社，2009.

[3] 沈岿．风险规制与行政法新发展．法律出版社，2013.

[4] 宋华琳，傅蔚冈．规制研究第1辑：转型时期的社会性规制与法治．格致出版社，上海人民出版社，2008.

[5] 魏小安．旅游热点问题实说．中国旅游出版社，2003.

[6] 蔡家成．旅行社重点问题研究．中国旅游出版社，2014.

[7] 刘劲柳．旅游合同．法律出版社，2004.

[8] 黄瑞鹏．旅行社经营法律风险防范——百问答疑．中国海洋大学出版社，2014.

[9] 席涛．管制理论的发展演变分析．中国社会科学研究生学院学报，2004（4）.

[10] 宋华琳．政府职能配置的合理化与法律化．中国法律评论，2017（3）.

[11] 耿宝建．行政处罚案件司法审查的数据变化与疑难问题．行政法学研究，2017（3）.

[12] 沈岿．互联网经济的政府监管原则和方式创新．国家行政学院学报，2016（5）.

[13] 章剑生．论行政诉讼中规范性文件的合法性审查．福建行政学院学报，2016（5）.

[14] 薛军．欧美国家平台商法律责任浅析．中国工商报，2016（1）.

[15] 程琥：《论我国网络市场监管的行政法治转型》，载行政法学研究

2017 年 1 期。

[16] 杨建顺 . 中国行政规制的合理化 . 国家检察官学院学报，2017（3）.

[17] 王锡锌 . 网络交易监管的管辖权配置研究 . 东方法学，2018（1）.

[18] 蔡小雪 . 如何解决法律规定中有关部门的职权冲突 . 人民司法，2007（8）.

[19] 张辉，成英文 . 中国旅游政策供需矛盾及未来重点领域 . 旅游学刊，2015（7）.

[20] 孟凡哲 . 旅行社承包挂靠问题的诱因分析与法律规制 . 旅游学刊，2012（4）.

[21] 胡抚生 . 我国旅游价格监管问题究价格理论与实践 . 价格理论与实践，2011（3）.